CB137210

Copyrigth by Lauro Trevisan
Lançamento: 1994, pela Editora da Mente. Revisto e ampliado em 2013.
Capa: Andrey Lamberty
Direitos reservados: pode transcrever pequenos textos avulsos, desde que cite o autor e o livro.

T814o Trevisan, Lauro
Otimismo e felicidade / Lauro Trevisan. – Santa Maria : Editora da Mente, 2013.
160 p.

ISBN 978-85-7151-074-6

1. Filosofia 2. Felicidade 3. Otimismo 4. autoajuda I. título

CDU 17.023.34

Ficha elaborada por Cristiane Silva Teixeira, CRB 10-1501

EDITORA DA MENTE

Pedidos: Editora e Distribuidora da Mente
Rua Tuiuti, 1677 – Caixa Postal: 559
97015-663 Santa Maria – RS – Brasil
Fone: (55) 3223.0202 ou Fax: 55.3221.7184
Email: mente@editoradamente.com.br
Site: www.editoradamente.com.br
Autor: laurotr@uol.com.br
Site do Autor: www.laurotrevisan.com.br

LAURO TREVISAN

OTIMISMO & FELICIDADE

1ª Edição atualizada

Editora da Mente – Santa Maria
2013

****

Felicidade – a vida feita prazer.
Otimismo – a vida feita sucesso.

Felicidade – o agora que deve continuar.
Otimismo – o agora continuado.

Felicidade e otimismo – dois fundamentos da vida bem-sucedida.

Otimismo e felicidade – os dois cavalos que devem puxar a carroça da vida.

Não lhe falte a felicidade – para que a vida não perca o sabor.

Não lhe falte o otimismo – para que a vida não perca o rumo.

****

1

AQUELA VEZ QUE O OTIMISMO ENCONTROU-SE COM A FELICIDADE

Numa esquina qualquer da vida, encontraram-se o Otimismo e a Felicidade. Como não poderia deixar de ser, foi momento festivo, com altos toques de energia positiva.

Pareciam um casal em perfeita comunhão de sentimentos.

Animados até a ponta dos cabelos, ambos esbanjavam sorrisos.

- Como vai? – perguntou o Otimismo.

- Cada vez mais feliz e otimista – respondeu exultante a Felicidade. – E você?

- Cada vez mais otimista e feliz – sorriu o Otimismo.

- Até parece que somos a mesma coisa – brincou o Otimismo.

- A mesma coisa, não digo. Mas, sem dúvida, somos irmãos gêmeos.

- No fundo, no fundo – considerou o Otimismo – todo otimista é feliz. Sim, porque o otimista acredita em si, na vida, no sucesso, na felicidade, na sua potencialidade, e seu alto-astral o faz sentir-se bem consigo mesmo e com o universo.

Ao quê, avançou a Felicidade:

- E toda pessoa feliz é otimista, pois, ao sentir-se bem consigo mesma, com o universo, com a humanidade e com Deus, está otimizando ao máximo sua vida.

- Tenho a impressão, no entanto – filosofou o Otimismo – que a pessoa otimista tem a vida mais ampla do que a pessoa feliz.

- Por quê? – reagiu a Felicidade.

- Porque a felicidade tem a ver com o dia de hoje, ao passo que o otimismo é hoje e mais amanhã. Ninguém pode ser otimista sem acreditar positivamente no futuro.

- Mas a felicidade não pode existir se sobrar na mente qualquer negativismo do passado ou referente ao futuro. Felicidade é luz e a luz não admite trevas. A felicidade abrange o todo da mente e o todo da mente compreende o passado, o presente e o futuro. Só que o passado e o futuro se desfazem sob a ação da luz da felicidade atual.

- Reconheço – apressou-se o Otimismo – a dimensão plenificante da Felicidade, tanto que sou otimista feliz. Mas desejo acentuar que o otimismo é o caminho do progresso e da evolução.

- Explique melhor – solicitou a Felicidade.

- Todo otimista cria desejos e projetos e acredita que se tornarão realidade. Se não acreditasse na materialização dos projetos, não seria otimista, mas pessimista. Como, pelo Poder da Mente, todo projeto acreditado infalivelmente se concretiza, fica claro que o otimismo é o caminho do progresso e da evolução.

- Isto é verdade – consentiu a Felicidade. – Como, porém, a felicidade é a essência do ser humano, eu sou a razão de ser da pessoa. Cada qual é o que for a sua mente: Mente feliz, pessoa feliz.

- Também é verdade – ponderou o Otimismo. – Mas, sem realizações, a vida e o indivíduo não vão para a frente.

- E sem felicidade a pessoa também não avança. Pelo contrário, se esvai em depressão, desânimo e frustrações.

A Felicidade silenciou por instantes, colocou a mão direita no queixo, e confidenciou:

- Meu caro Otimismo, permita-me fazer-lhe uma reflexão, tão comum entre as pessoas sofridas, que enfrentam enormes dificuldades. Dizem que o otimista é um sujeito fora da realidade, um sonhador estéril: pensa em churrasco enquanto rói osso duro; sonha com casa própria, mas vive debaixo de uma ponte; imagina-se num carrão do último grito, mas bate sola de sapato pelas estradas da vida. Que acha disso?

- É que são poucos os que conhecem as leis que regem a vida humana. Uma coisa é sonhar sem acreditar na realização e outra coisa é sonhar e acreditar que todo sonho pode e deve tornar-se realidade. Esta é a diferença que faz a diferença. Uns usam a palavra apenas para expressar a realidade e outros usam-na para criar a realidade. A sabedoria está em saber que o mundo exterior nada mais é do que a materialização do mundo interior. Portanto, é necessário que se crie antes na mente aquilo que se deseja realizado. Isto faz o otimista. O legítimo otimismo é o caminho dos sábios.

A Felicidade ouviu tudo atentamente e deu razão ao

Otimismo:

- Concordo com você. Assim como a felicidade nasce na mente e se expressa na vida, da mesma forma o otimista cria na mente o que espera realizar-se na sua vida.

- Agora – retornou o Otimismo – quero fazer-lhe a observação que mais frequentemente se ouve por aí a respeito de você. Falam que a felicidade não existe. Há filósofos, poetas, escritores, e até teólogos, que sustentam que a felicidade não existe. Entendem que a vida é cheia de sofrimentos, carências, privações, desgraças, desenganos, e isso é incompatível com a felicidade, já que não pode haver um infeliz feliz.

Ambos riram.

E o Otimismo saiu-se com esta:

- Faz-me lembrar o caso do dr. Lamentácio Davi da Marga, da cidade de Urucubaca, que se exclamava desolado: "Ai meu Deus, não devo ser infeliz e não consigo ser feliz!"

- O fato é que muitos procuram a felicidade nos fatores externos a si, como a casa, o dinheiro, o carro, a compreensão dos outros, a bondade alheia, a pessoa bonita, assim por diante. Tendo em vista que é difícil ter domínio sobre o mundo exterior, frustram-se a toda hora. Felicidade, porém, é estado mental. Como somente a própria pessoa tem acesso à sua mente, a felicidade depende única e exclusivamente de si mesmo. Basta criar na mente o estado de felicidade e o subconsciente reagirá de acordo. Este é o caminho simples e fácil da felicidade do ser humano. Indiscutivelmente, cada um é o que é sua mente. A vida humana se expressa através da mente. Logo, mente feliz, vida feliz. Simples.

- Ainda que mal comparando – acrescentou o Otimismo – é como aqueles que olham para o céu em dia de chuva e concluem que o sol não existe.

- Assim como há aqueles que se dizem otimistas e se queixam de que as coisas não estão dando certo.

- Eu sei disso – consentiu o Otimismo. – São que nem os valentões que blasonam por aí: "Eu não acredito em bruxas, mas que elas existem, existem!"

Batendo no ombro da Felicidade, continuou o Otimismo:

- Otimismo não é questão de sorte, como pensam certas pessoas. Trata-se do cumprimento da Lei pela qual todo pensamento acreditado se torna realidade física.

A Felicidade aproveitou a deixa:

- O mesmo ocorre com a felicidade. Também é o cumprimento da Lei pela qual todo pensamento de felicidade, desde que unívoco, produz a felicidade.

- É por isso que toda pessoa feliz é otimista – sentenciou o Otimismo.

- E é por isso que todo o otimista é feliz – completou a Felicidade.

2

O OTIMISTA E O PESSIMISTA

O sujeito chegou numa livraria e perguntou:

- Vocês têm o livro "O Otimista"?

Ao quê, a vendedora quis saber:

- É de ficção?

Para muitos, que vivem debaixo do mau tempo, otimismo não passa de ficção.

Como ser otimista – pensam eles – num mundo tão conturbado?

Outros exclamam, com rosto de calamidade pública:

- É impossível ser otimista nesta situação, que está mais para urubu do que para colibri.

Precisamente nesses momentos de inconsciente coletivo obscuro é que, mais do que nunca, se faz necessário ser otimista.

O otimista sempre acredita em milagre. Porque sabe que ele existe.

O grande estadista israelense David Ben Gurion disse, certa vez: "Quem não acredita em milagres não é realista".

Todos aqueles que venceram na vida, os que transformaram a derrota em vitória, o fracasso em sucesso, a doença em saúde, a pobreza em riqueza, o impossível em realidade, tiveram uma coisa em comum: eram otimistas. Sem otimismo, jamais teriam superado os contratempos.

O verdadeiro otimista é um sábio.

Sim, porque sabe que, para onde conduzir seus pensamentos, para essa direção correrá necessariamente a vida.

O pessimista filosofa em cima de uma situação negativa, tentando provar a todos que as suas desgraças são insuperáveis.

O otimista toma a realidade negativa como ponto de partida para a marcha da vitória.

O pessimista morre no primeiro insucesso; o otimista tem certeza de que tudo é degrau para a escalada do seu sucesso.

O otimista é o verdadeiro homem de fé: acredita que sempre chega aonde deseja.

O pessimista diz que a esperança é a última que morre, mas acrescenta que já morreu.

O otimista é sempre vitorioso, porque é um clarividente que enxerga, além do infortúnio, a realidade positiva desejada.

O famoso imperador romano Marco Aurélio disse: "Não penses que tudo que não realizaste seja irrealizável. Pois, se uma coisa já foi realizada por outrem, por que te julgas incapaz de consegui-la?"

A diferença entre o vencedor e o perdedor está apenas no pensamento.

A cada um dar-se-á de acordo com seu pessimismo

ou otimismo; de acordo com sua fé ou descrença.

- De que vale ser otimista e nada fazer para chegar lá? – indagará você.

O otimista sábio tem convicção de que a sua palavra definida e definitiva move céus e terras para produzir o resultado correspondente.

O otimista não é aquele que apenas põe açúcar no café, sem mexer. O otimista adoça o café e o mexe, quer dizer, mexe-se com fervor e fé inabalável até conseguir o resultado pretendido. Sabe que este vem infalivelmente, por isso não se liga na situação real e sim na realidade buscada.

Para o otimista, pensamento, fé e realidade são uma coisa só.

Aí é que está a sabedoria.

3

A ESSÊNCIA DA FELICIDADE

O filósofo Schopenhauer escreveu que "a nossa felicidade depende mais do que temos nas nossas cabeças do que nos nossos bolsos".

Rui Barbosa fez esta declaração: "A felicidade está dentro de nós. A infelicidade está fora, e somos nós que a vamos procurar".

Confúcio, certa vez, expressou-se assim: "O homem será feliz se souber encontrar o céu dentro de si".

La Rochefoucauld trouxe mais uma luz em torno de assunto tão vital: "Quem não encontra a felicidade em si mesmo, é inútil procurá-la em outra parte".

Aristóteles, o famoso filósofo grego, que viveu há dois mil anos, escreveu: "A felicidade não se encontra nos bens exteriores".

Já que estamos na base de citações, veja esta de Marco Aurélio, considerado o mais sábio da Roma Antiga: "A felicidade do homem depende de si mesmo".

Mais uma, de Paul Valéry: "Homem feliz é aquele

que, ao despertar, se reencontra com prazer, se reconhece como aquele que gosta de ser".

Certa vez, a escritora Françoise Sagan comentou: "Para mim, a felicidade é, antes do mais, sentir-se bem".

Todos estes pensadores citados são unânimes numa coisa: Felicidade é estado interior, está dentro e se manifesta de dentro.

O próprio Jesus fez a mesma consideração, quando disse: "O reino dos céus está dentro de vós mesmos".

Primeira conclusão: Felicidade é estado mental. Ora, sendo estado mental, somente você pode fazer você feliz, porque somente você tem acesso à sua mente.

Segunda conclusão: Já que felicidade é estado mental, você pode e deve ser feliz independentemente de qualquer situação exterior. Isto quer significar que não é propriamente uma casa bonita e grande que faz a sua felicidade; nem mesmo um carrão fora de série; nem ainda uma inesgotável conta bancária; nem sequer um prestigioso cargo político; nem o fato de ser autoridade civil, eclesiástica, judiciária, pedagógica, legislativa ou militar; nem uma viagem às ilhas Paraíso. Tudo isso pode ajudar você a criar e manter pensamentos de felicidade na mente, mas por si só não faz a felicidade. Aliás, você mesmo conhece gente que vive em mansões e é infeliz; que tem carro importado e se suicidou; que tem bilhões a seu dispor e está preso na escuridão de sua depressão; que tem elevado cargo ou função pública, bem como muita fama, e, contudo, é tremendamente desgraçado.

Mas não vá concluir apressadamente que, para ser feliz, não se deve ter casa confortável, nem carro do último modelo, nem grossa conta bancária, nem cargo político ou função prestigiosa de qualquer natureza, bem como não ser famoso e nem viajar.

Uma coisa não exclui a outra automaticamente. Simplesmente independe. Para uns ajuda, para outros atrapalha. Sim, porque felicidade é sentir-se bem consigo mesmo, com a humanidade, com o universo e com Deus. Esta realidade é efeito da mente. Apenas da mente. Daí que Rui Barbosa tinha razão quando dizia que a felicidade está dentro de nós, mas equivocou-se ao afirmar que a infelicidade está fora. Também esta nasce dentro e se processa dentro.

Filosofias e teologias à parte, seja você feliz hoje, amanhã e sempre.

4

FILOSOFADA LAMPADAL

Certa vez uma lâmpada permaneceu muito tempo apagada e entrou em crise de identidade. Já não sabia mais quem era e nem o que era.

Consultou um psiquialétrico, que é o psiquiatra da eletricidade.

- Quem sou eu? – perguntou a lâmpada.

- Você é uma lâmpada – respondeu o psiquialétrico.

- Não, eu sou um mero vidro opaco – retrucou a lâmpada.

- Você é uma lâmpada – insistiu o terapeutelétrico.

- O que faz uma lâmpada? – tornou a própria, em estado de amnésia.

- Ora bolas – resmungou o psiquialétrico – a lâmpada acende a luz.

- Pois então eu sou apenas um vidro, porque não acendo e não tenho luz.

- Você é uma lâmpada – berrou o psiquialétrico, com vontade de enfiar uma tomada no cogote da paciente.

- Mas eu não sou diferente de um vidro, não passo de vidro, reajo como vidro e não adianta inventar história.

- Pense bem – tentou fazer-se compreender o medicolétrico – o vidro é apenas a matéria-prima da qual se faz a lâmpada. Um vidro por si mesmo não acende e nem apaga. Uma lâmpada acende, ilumina. Não é por estar apagada que deixa de ser lâmpada. Quando alguém vê você, quer esteja acesa ou apagada, sempre dirá que é uma lâmpada. Uma lâmpada, entendeu?

- Você está pirado – concluiu a lâmpada, com pena do seu terapeutelétrico. – Eu sei que sou um risível e quebrável vidro. É só você me jogar no chão e, pronto, viro em mil caquinhos. Caquinhos, essa droga que atiram no lixo por aí. Vidro, caquinhos, lixo, que diferença faz?

E o desentendimento entre os dois foi longe. Só não terminou em peleia porque a lâmpada sofria da psicose dos caquinhos.

O que é o ser humano?

O pobre, o apagado, o desgraçado, o infeliz, o fracassado, o sofredor, o deprimido, o frustrado, dirá que é apenas isso aí, nada mais do que essa droga ambulante.

- Você é a maravilha do universo, imagem e semelhança divina – dir-lhe-á alguém.

- Invencionice – responderá o pobre. – Não passo de um coitado, que não tem como sustentar-se, que passa privações, que não consegue o que quer.

- Mas essa não é sua verdadeira realidade – tenta convencê-lo o sábio. – Você apenas vive uma contingência modificável. Olhe ao seu redor e verá multidões iguais a você que são ricas, afortunadas, vivendo em conforto e bem-estar.

- Ninguém me tirará da cabeça que eu sou um infeliz. Eu vivo, sinto e sofro a infelicidade. Não admitir isso é loucura, é viver fora da realidade – discursará o desgraçado.

O problema está em que certas pessoas confundem o efeito de uma causa com a essência do ser humano.

Você não é seus problemas e sofrimentos. Sua dimensão transcende as situações e condições momentâneas.

Se a pobreza fosse a legítima realidade humana, você jamais sairia da pobreza. Milhões de miseráveis e pobres, no entanto, hoje são ricos.

Você tem o poder criador em si. A ação criadora é exercida através do pensamento, sob qualquer forma.

Para onde você conduzir seus pensamentos, para essa direção irá a sua vida.

Sua vida, portanto, é você que a faz. E a faz como quiser.

A não ser que você pense como caquinhos de vidro.

Seja lâmpada grandiosa no palácio da sua mente.

Pense grande e será grande.

5

PODE-SE DEFINIR A FELICIDADE?

Na página de pensamentos de uma revista "Super Interessante" está citada esta frase atribuída a autor anônimo: "O êxito consiste em alcançar o que se deseja, a felicidade em desejar o que se alcança".

No seu livro "O Sucesso Não Ocorre Por Acaso", Lair Ribeiro faz esta colocação: "Sucesso é conseguir o que você quer. Felicidade é querer o que você conseguiu".

Sucesso é, de fato, alcançar o que se deseja, mas felicidade não é apenas tornar desejável e desejado o que se conseguiu. É isso e mais do que isso.

Desejar mais na vida, estabelecer novas metas, sonhar ideais, não são empecilhos à felicidade. Pelo contrário, carregam mais o prazer de viver, desde que não contenham ansiedade, angústia, preocupações, medos e estresses.

O sucesso visa objetivos.

A felicidade é em si mesma.

Felicidade é sentir-se bem consigo mesmo, com as pessoas, com o universo e com Deus. É, portanto, estado mental.

Você pode sentir-se bem consigo mesmo, com as pessoas, com o universo e com Deus, tanto vivendo num palácio com inesgotável conta bancária, como vivendo num casebre a pão e água.

Você pode sentir-se bem consigo mesmo, com as pessoas, com o universo e com Deus tendo todas as metas realizadas como também com projetos por serem atingidos.

Você pode sentir-se bem consigo mesmo, com as pessoas, com o universo e com Deus, sendo solteiro ou casado, morando em Paris ou lá onde o diabo perdeu as botas, sendo sábio ou analfabeto, patrão ou operário, rico ou pobre, rei ou plebeu, presidente da república ou simples cidadão.

Felicidade não é contra objetivos, apenas independe deles. Transcende a eles.

Uma pessoa pode (e deve) ser feliz tanto ao ver seus projetos se materializando exitosamente, como já os vendo realizados.

Sucesso e riqueza e casamento e turismo e lazer e aposentadoria não são sinônimos de felicidade: podem existir numa pessoa feliz como podem não existir.

Porque FELICIDADE É ESTADO MENTAL.

Mesmo que alguém seja rico, bem-sucedido e poderoso, se a sua mente for tomada de ódio contra alguém, de mágoa contra alguma pessoa, de desprezo pela lua, de mau humor pelo tempo, ou de antipatia contra alguma ave ou animal – não é feliz, uma vez que felicidade é sentir-se bem consigo mesmo, com as pessoas, com o universo e com Deus.

Felicidade, por outro lado, não é aposentadoria mental e nem isenção de desejos. Há os que dizem que se uma pessoa tem metas a cumprir, projetos a realizar, não é feliz porque lhe falta alguma coisa. Esse raciocínio é equivocado, porque você pode e deve ter desejos, metas, ideais, e ser feliz, desde que se sinta bem consigo mesmo, com as pessoas, com o universo e com Deus.

Felicidade apenas é incompatível com desarmonia mental, angústia, medos, ódios, ressentimentos, desesperanças, preocupações, problemas, depressões, desânimo, tristeza, complexos, negativismos, pessimismos, enfim com aquilo que faz com que você não se sinta bem.

É por isso que felicidade é a PLENIFICAÇÃO VITAL DO SER HUMANO.

6

O PESSIMISTA DESCE
O OTIMISTA SOBE

A minúscula semente de eucalipto tem o poder de produzir a gigantesca árvore do eucalipto ou é Deus que vem pessoalmente fazer crescer a árvore do tamanho que ele quer?

A semente do eucalipto contém o eucalipto?

É possível que a semente do eucalipto produza um pé de guanxuma?

São perguntas singelas que podem elucidar de certa forma alguma coisa em torno do Poder da Mente.

É a mente que cria alguma coisa ou é Deus que cria algo através da mente?

É Deus que executa o conteúdo da mente ou é a mente que age baseada em princípios que lhe são inerentes?

Há pessoas super-religiosas que exclamam: "Que poder da mente que nada, é Deus que age nas pessoas!"

Deus criou o mundo e a humanidade e estabeleceu Leis superiores através das quais funcionam o mundo e o ser humano.

Muitas das Leis que regem o universo já são conhecidas, como a Lei da gravidade, a Lei da atração, certas Leis da física, da química, da eletrônica, da astronomia, assim por diante.

A criatura humana também se rege por Leis criadas por Deus.

Assim como qualquer pessoa que ligue corretamente a eletricidade numa lâmpada, esta acende (não importa se a pessoa é ateia e a lâmpada tenha sido fabricada por um bandido), da mesma forma toda pessoa que usar corretamente as Leis que regem a vida humana, o resultado nunca pode falhar.

Uma das Leis que regem o ser humano é que todo pensamento unívoco produz a realidade do conteúdo do pensamento. Nesse caso, dizer que é Deus que realiza o conteúdo do pensamento, ou dizer que o pensamento produz a realidade do seu próprio conteúdo, ou afirmar que a mente – criadora do pensamento – torna o pensamento realidade física, no meu entender é irrelevante.

Indiscutivelmente, o único caminho pelo qual se pode chegar a Deus é através da mente, já que qualquer oração ou meditação é feita pela mente.

As Leis funcionam sempre que sejam colocadas corretamente as premissas correspondentes, independentemente de méritos, de moral, de conduta ética. O mérito, a moral e a ética têm razão de ser por considerações outras que não vêm ao nosso caso.

Quer se fale em Poder da Mente ou em Poder de Deus através da mente, os resultados são idênticos. Tanto que escrevi o livro "O Poder Infinito da Sua Mente" tratando do tema segundo a ciência do Poder da Mente; e escrevi o livro "O Poder Infinito da Oração" tratando a mesma verdade pelo enfoque da religião.

Lembre-se: Uns dizem que o ser humano é nada mais que pó da terra, outros dizem que é da dimensão divina. Você é quem faz a diferença.

Dizer que Deus age através de você e que você age pelo poder de Deus, faz diferença?

Acima de tudo, importa saber que o poder se manifesta em resposta à sua palavra interior, seja qual for a crença que você puser nessa verdade.

Mas, no final das contas, sobra uma grande diferença: O pessimista pensa que Deus é tudo e que ele é nada, pecado, pó da terra, grão de areia; o otimista vê-se da dimensão divina, imagem e semelhança de Deus, dono do universo, reconhece-se em comunhão com o Deus que habita o seu interior.

Esta é a diferença da gangorra: o pessimista desce; o otimista sobe.

7

O GRANDE PASSO DO SUCESSO

Há um segredo que faz a diferença entre os que muito conseguem e os que nada conseguem.

Quem tomar conhecimento do segredo e o colocar em prática, a vida mudará da água para o vinho.

Quando se vê tanta gente se queixando de Deus e todo mundo; outras tantas pessoas sentadas à beira do caminho em completo desânimo; outras mais vendo os seus dons e aptidões indo por água abaixo – tem-se a impressão de que a vida é injusta, difícil, complicada, incontrolável e madrasta.

Nada disso. O que acontece é que a grande parte das pessoas não conhece o segredo mais óbvio do sucesso: SABER O QUE QUER.

Parece piada, mas cansei de ouvir indivíduos que se lastimam amargamente de nada terem ou de nunca progredirem na vida e, no entanto, não sabem o que querem. Alguns até são capazes de desandarem verdadeiros arrazoados filosóficos, sociológicos, ideológicos e todos os demais ógicos possíveis e imaginários sobre a sua situação escabrosa e sobre os desenganos do mundo, mas, ao fim e ao cabo, não sabem o que querem.

A boa vontade, às vezes, é do tamanho daquela de Rabelais, que deixou consignado no seu testamento: "Devo muito, nada tenho e deixo o resto para os pobres".

Tem gente que passa o dia inteiro imaginando uma fórmula de indireitar banana ou de fazer caranguejo andar direito, mas não sabe o que quer da vida.

Conheci um sujeito que passou dez anos estudando o sexo dos anjos, mas aqui na terra não sabia o que queria da vida.

Antes de abrir a boca para reclamar do que estou escrevendo, responda-me depressa: Qual é o seu projeto de vida? Mas não cometa a genialidade de ficar falando oito horas sem parar até encontrar uma ideia para responder à pergunta.

Se você está deprimido, ao invés de ruminar as causas do péssimo astral, diga o que deseja que lhe aconteça de bom daqui para frente.

Se você fracassou, lembre-se que os dias não retornam: pergunte-se qual é a sua meta a partir de agora.

Se acabou de formar-se na universidade e não sabe onde enfiar o canudo e o que fazer, use um dia inteiro de meditação para traçar os planos a serem alcançados a curto e médio prazos.

Quando você determinou, em apenas uma frase, o que pretende, pode ter a certeza de que fez o principal. Sua mente consciente e subconsciente trabalharão nessa direção e todas as forças humanas e divinas se conjugarão para levar o seu projeto a bom termo.

Ao definir clara e sumariamente o que quer, você acendeu o motor mais possante e poderoso que o levará ao resultado buscado.

Agora abanque-se por aí mesmo, relaxe, concentre seus pensamentos e trate de determinar os três objetivos mais importantes da sua vida. Não perca tempo nas dificuldades e empecilhos que serão interpostos pela mente consciente. Proclame o que quer. Sem volta. Sem medos. Sem mas, nem més. Nunca mais tire da mente esses objetivos. Dormirão com você, acordarão com você e passarão o dia com você.

Por fim, diga: Assim é e assim será.

Não poderá ser diferente.

Sua fé e otimismo farão o principal.

8

SER FELIZ NÃO É SORTE

Dizem que a felicidade anda em lombo de cavalo gordo: é rara.

A voz mais corrente afirma que felicidade é momento espontâneo, aleatório, incontrolável, acontece por acontecer.

Existem expressões populares que universalizam essa crença: O que é bom dura pouco – Estou tão feliz que só quero ver o que vai me acontecer de ruim – Está tão maravilhoso que, se acrescentar, estraga – Quando a esmola é demais o santo desconfia – Ainda ninguém cantou glória que não acabe chorando – Nem todo dia é dia santo – No princípio é tudo flores, no fim, tudo é choradeira – É bom demais para ser verdade.

Não é preciso procurar mais ditados para se perceber que há mal-entendidos a respeito da felicidade.

As desgraças e os desconcertos da vida fazem muitas pessoas concluírem que felicidade é questão de sorte.

Alguns filósofos da vida dizem que é preciso abrir bem as portas do coração para que a felicidade, ao passar, possa entrar. Se entrar, que sorte!

Dizem certas pessoas que a felicidade é tão incontrolável que há pessoas boas e devotas infelizes e há pessoas más que são felizes.

- Que cara sortudo – comentam. – Vejam como ele é feliz.

A verdade, no entanto, não é bem assim.

Não é a sorte, nem o azar e nem o acaso que rege a vida humana, mas Leis sábias, ditadas pelo Infinito.

Uma das Leis que regem a vida é a Lei de Causa e Efeito.

Felicidade é efeito. Portanto, exige uma causa.

Não existe efeito sem causa correspondente, daí que felicidade jamais será fruto de imprevisibilidades, de casualidade.

Não confunda casualidade com causalidade. Casualidade vem de acaso, causalidade vem de causa.

Já que felicidade é efeito de uma causa, basta que se conheça a causa para se saber como produzir a felicidade. Se for possível manter permanentemente a causa, também será possível a pessoa ser perenemente feliz.

Antes de tudo, é necessário reiterar que felicidade é estado mental.

É bom assinalar que felicidade não é recompensa e sim consequência.

Como a vida do ser humano é conduzida pelo pensamento, este é a causa dos efeitos que farão a vida de cada um.

O mundo interior projeta e cria o mundo exterior.

Segundo a ciência do Poder da Mente, o que você cria

na mente consciente, a mente subconsciente transforma em realidade física e existencial.

Partindo desta verdade, a felicidade nasce na mente através do pensamento em forma de ideia, imagem, oração, meditação, mentalização, contemplação ou sob qualquer outra expressão mental.

A mente consciente cria a felicidade e a mente subconsciente a realiza.

A vida de cada indivíduo é o que for a sua mente. Mente feliz, vida feliz.

Mentalize a sua felicidade e infalivelmente você torna-se feliz.

Toda causa mental produz o efeito correspondente.

Ser feliz é tão simples quanto pensar, desejar e mentalizar felicidade.

9

PARA AS PRÓXIMAS 24 HORAS

1. Só por hoje direi que estou de mal com a depressão e se ela der as caras aplicar-lhe-ei vinte bofetões de alegria.

2. Só por hoje darei alta aos analistas, psicólogos, psiquiatras, conselheiros, filósofos, e proclamarei que, se antes eu era o que era porque era o que era, agora sou o que sou porque sou tão feliz quanto penso que sou. Como penso que sou feliz, logo sou.

3. Só por hoje direi que a vida é uma festa, acreditarei que a vida é uma festa e farei da festa a minha vida.

4. Só por hoje tomarei um porre de felicidade.

5. Só por hoje admitirei que todo homem nasce feliz, passa a infância feliz, depois cresce e esconde a felicidade para que não a roubem, só que esquece onde a colocou. Mas, só por hoje lembrarei que está na minha mente.

6. Só por hoje mostrarei os dentes mais pelo riso do que pela comida e pela raiva.

7. Só por hoje rirei à toa e contar-me-ei uma piada tão velha quanto a história daquele sujeito que olhava por cima dos óculos para não gastar as lentes.

8. Só por hoje revelarei ao mundo que sou feliz e chamarei de absurda toda opinião contrária.

9. Só por hoje afirmarei que existem apenas três tipos de pessoas: as que não parecem felizes e são; as que parecem felizes e são; e as que são tão felizes quanto parecem.

10. Só por hoje acreditarei que ri melhor quem ri por si mesmo. Já estou rindo.

11. Só por hoje informarei a todos que sou tão feliz quanto resolvi ser.

12. Só por hoje guardarei a seriedade no baú e deixarei que a criança interior brinque comigo o tempo todo.

13. Só por hoje estarei tão bem-humorado que rirei até daquele anúncio que diz: "Vende-se uma mala por motivo de viagem".

14. Só por hoje admitirei que ser feliz é tão simples quanto dizer que sou feliz.

15. Só por hoje estarei tão feliz que não sentirei falta de sentir falta da felicidade.

16. Só por hoje expulsarei da minha casa a tristeza e hospedarei a alegria, o sorriso e o bom humor.

17. Só por hoje abrigarei a felicidade sob o meu teto, vesti-la-ei com as roupas do bem-estar, dar-lhe-ei a comida do sorriso, a bebida da alegria e a divertirei com conversas positivas e agradáveis.

18. Só por hoje viverei no céu da boca sorridente.

19. Só por hoje me divorciarei do passado, romperei o namoro indecoroso com os males do presente e casarei indissoluvelmente com a felicidade.

20. Só por hoje hastearei a bandeira do bom humor sobre o meu próprio território.

21. Só por hoje bancarei o palhaço de mim mesmo, contando-me aquela velha piada do cara que era tão pequeno, tão pequeno que para cuspir tinha que subir numa escada a fim de não morrer afogado, rindo-me da anedota como se fosse totalmente desconhecida.

22. Só por hoje seduzirei a felicidade, passarei o dia de braços com ela e à noite a levarei para a cama.

23. Só por hoje invadirei o paraíso, sequestrarei a fe-

licidade, com a conivência de Deus e dos anjos, e insistirei que agora ela é minha.

24. Só por hoje decidirei que sou definitivamente feliz.

25. Só por hoje. E sempre.

10

QUEM PODE SER FELIZ

A felicidade sempre foi e sempre será a aspiração maior do ser humano.

Desde o momento em que a pessoa começa a existir, é impressa a fogo a marca F de felicidade no coração, de tal forma que jamais alguém deixará de sentir permanentemente dentro de si o impulso e a atração irresistível deste apelo interior.

Mesmo que você esteja mergulhado na pior das depressões, nunca cessará de sonhar com a felicidade e, na esperança de que ela aconteça, faz tratamentos, toma remédios, busca o auxílio de euforizantes, participa de sessões de mentalização, enfim faz o possível e o impossível para alcançar novamente a alegria de viver.

Há pessoas decaídas, vencidas pelo sofrimento e pela desgraça, que nada mais esperam da vida; no entanto, se num toque de mágica pudessem alcançar a felicidade, agarrar-se-iam a ela com unhas e dentes.

Porque a felicidade é a essência da criatura humana.

Ser feliz é a razão de ser da pessoa.

Mas, o que é a felicidade? Como se consegue?

Estas são as duas grandes perguntas. Aí está o xis da questão.

Se você errar o caminho, nunca chegará lá.

No meu livro "O Homem Só", conto a história de um personagem que, achando que eram os outros que faziam o inferno da sua vida, fugiu para as regiões mais recônditas de uma montanha. Notou, porém, que, mesmo no seu isolamento completo e absoluto, a angústia e o amargor continuavam atormentando a sua mente. Depois de muitas reflexões, chegou à conclusão de que ele era seu próprio inferno ou o seu próprio céu.

Voltando ao assunto, o que é a felicidade?

Certa vez, numa entrevista de TV, em Londrina, a repórter perguntou-me o que era a felicidade e contou que tempos antes, um senhor paraplégico fora entrevistado por ela e, diante desta pergunta, respondeu:

- Para mim, felicidade é poder deitar de costas.

É claro que, mesmo conseguindo a façanha de poder deitar de costas, ele poderia ser o mais infeliz dos terráqueos.

Felicidade é estado mental.

Ser feliz é sentir imensa alegria de viver; é o prazer de existir; é curtir amor em si; é estar no seu próprio reino dos céus.

Em outras palavras, ser feliz é sentir-se maravilhosamente bem consigo mesmo, com as pessoas, com o universo e com Deus. O estado de felicidade é estado mental de perfeita comunhão universal.

Por ser estado mental, é simples e fácil ser feliz.

11

DIÁLOGO COM SÃO PEDRO

A seriedade pode ser amiga da perfeição mas é inimiga da vida.

Refiro-me àquela seriedade dos homens que contêm o riso, nunca deixam de abotoar o botão da camisa que fecha o pescoço, que vão à igreja de manhã cedo com dois livros de rezas e o terço na mão, que jamais tiram o sapato, que nunca assobiaram, que não cantam um carnavalzinho nem debaixo do chuveiro, que não sentam para não perder o friso da calça, que usam óculos escuros para que ninguém possa devassar seus pensamentos.

Esse tipo de seriedade não faz bem nem ao corpo e nem ao espírito.

A virtude mais celestial é a alegria.

Irmã mais nova da alegria é a desportividade.

Tenho pena dos que vivem eternamente tensos, preocupados, como se tivessem sido encarregados por Deus de dar manivela ao mundo durante vinte e quatro horas por dia. Esses pensam que quando param de dar manivela o mundo também para.

Apeie da sua severidade e abra a porta à sua criança interior, porque é o único caminho para entrar no reino dos céus.

Foi o que disse o Mestre:

- Se não vos tornardes como as crianças, não entrareis no reino dos céus.

Reino dos céus é estado de felicidade.

Montapert escreveu que o bom humor espalha mais felicidade que todas as riquezas do mundo.

A sede do Clube dos Preocupados e Tensos é a farmácia.

A sede do Centro Filosófico da Angústia Existencial é a clínica psicológica.

A sede dos severos e contidos é o Hospital de Úlceras.

A sede dos Reformadores e Revolucionários é o Departamento Cardiológico.

Escreveu Somerset Maugham: "Com um pouco de tolerância, um pouco de senso e ainda um pouco de bom humor e não imagina como poderá tornar agradável a sua permanência neste planeta!"

Se você teimar em manter essa carranca inflexível, quando se apresentar a São Pedro ele vai agitar o dedo no seu nariz e bradar:

- Volta para Terra e paga as dez mil risadas que ficou devendo.

- Senhor – se defenderá você – eu levei a vida a sério.

- Aí é que foi o seu erro – reagirá o porteiro celeste – O dom da vida é um milagre de felicidade e não um gemido de úlcera gástrica.

- Mas eu trilhei o caminho do sacrifício – defender-se-á você, impressionado com a mente herética do santo.

- Pois saiba – insistirá São Pedro – que teria sido mais inteligente e útil se tivesse plantado flores ao invés de esparramar espinhos.

- Entrei numa fria! – resmungará você decepcionado.

- Era só pensar um pouco e você perceberia que a vida é dom de Deus e não castigo. Ao invés de sentar em cima daqueles grãos de milho, melhor proveito faria se os tivesse usado no almoço com feijão, arroz e molho de carne.

- Um tempero de salsa melhoraria ainda mais o paladar – acrescentaria você, rindo a bandeiras despregadas.

- Você riu! – exclamará surpreso o porteiro do paraíso. – Muito bem, está redimido. Pode entrar no céu.

12

FELICIDADE: NECESSIDADE VITAL

É preciso começar dizendo que felicidade não é produto descartável.

Ao entrar num supermercado, você opta por uma coisa ou outra, de acordo com o tamanho do seu dinheiro.

Deixar de comprar carne nessa semana não tira pedaço – dirá alguém, renunciando ao churrasquinho.

Com a felicidade não se pode agir assim. Trata-se de necessidade vital.

Ser feliz é viver plenamente; ser infeliz é aguentar-se como pode.

Infelicidade é estado negativo, que forçosamente traz consequências nefastas para o corpo e para a vida.

Quando alguém se julga infeliz, está desgastando energias, deteriorando a vida, mergulhando na depressão, patinando sobre si mesmo, espremendo limão verde com pimenta na sua mente.

Resultados: Sofrimentos, doenças, decadência.

A felicidade, por outro lado, torna a pessoa saudável

e plenifica a qualidade de vida.

Ser feliz, portanto, é viver.

Louise Hay, autora dos livros "Cure o Seu Corpo" e "Você Pode Curar a Sua Vida", afirmou numa entrevista que "as pessoas felizes são saudáveis".

Os pesquisadores do Nacional Cancer Institute, dos EUA, chegaram à conclusão de que "as pessoas felizes são setenta vezes menos susceptíveis de contraírem qualquer doença, inclusive o câncer". Não foram tão categóricos quando Louise Hay, mas mostraram claramente a necessidade indispensável da felicidade para o bem-estar humano.

O estado mental de felicidade atua poderosamente sobre o cérebro, levando-o a liberar os hormônios da endorfina e da oxitocina, que aliviam as dores, trazem prazer, bem-estar, e até mesmo êxtase. Ao mesmo tempo, essa realidade mental benéfica fortalece o sistema imunológico.

A conclusão de Louise Hay e dos pesquisadores do Nacional Cancer Institute, portanto, tem fundamento.

Alberto Brandão escreveu: "A alegria é o sinal mais expressivo da felicidade". Ora, quem não conhece o velho ditado da sabedoria humana que proclama que rir é o melhor remédio?

O filósofo grego Aristóteles, há mais de dois mil anos afirmava que o riso é um exercício precioso para a saúde.

A alegria e o riso relaxam os músculos, facilitam a digestão, beneficiam as artérias, tornam a pele corada e dão brilho aos olhos.

Alegria e riso são expressões de felicidade. Mas esta é isso aí e muito mais, porque a pessoa feliz é harmoniosa, positiva, segura de si, autoconfiante, equilibrada, irradiante, honesta, otimista, pacífica e plenificada.

Não fique decepcionado, achando que jamais poderá reunir tantas qualidades.

O caminho da felicidade é mental.

Partindo do princípio de que a vida é o resultado dos pensamentos de cada um, pensamentos de felicidade criarão em você esta realidade.

Mentalize felicidade. Ore felicidade. Imagine-se feliz. Diga-se feliz.

Pensar é ser. Nada mais simples.

13

ESPANTE O PESSIMISMO

Certa feita, a famosa atriz Carol Channing estava sendo entrevistada e o repórter, lá pelas tantas, perguntou:

- Lembra-se do momento mais embaraçoso da sua vida?

- Lembro sim – respondeu ela. – Outra pergunta?

Se fosse pessoa pessimista, por certo a artista teria aproveitado para desenrolar um longo rosário de situações desagradáveis.

A diferença entre o pessimista e o otimista é que o pessimista olha para trás e o otimista olha para frente.

De nada vale perder tempo com o que aconteceu, seja o que for. Pior ainda se for algo negativo.

Olhe para frente e prossiga sua caminhada alegre e esperançosa na direção dos seus grandiosos objetivos.

É tolice dar-se a pessimismos.

O pessimista é aquele que passa a vida inteira num quarto escuro tentando agarrar um gato preto que não está lá.

O pessimista busca todos os dias juntar nada com coisa nenhuma.

Seja incorrigível otimista, pois assim você estará colocando sua exuberante imaginação a seu serviço.

O pessimismo de uma pessoa tem como origem o desconhecimento da sua própria origem.

- Não amole com esses trocadilhos – resmungará o pessimista inveterado.

Mas eu explico (se é que Freud não explica): Toda pessoa que tem conhecimento da sua origem superior, sabe da existência de um Poder ilimitado no âmago do seu ser e, por isso, sabe que pode criar a realidade que desejar.

Quem conhece a sua dimensão infinita, já não é pessimista, porque usa a força do seu pensamento para criar e realizar as grandiosas metas da sua vida.

O pessimista comete um erro de ótica: Ao invés de olhar para dentro de si, onde encontra a força e a razão de seus atos, olha para fora. Como acredita que não tem poder de mudar o mundo exterior, fica parado na esquina da amargura, deixando a vida passar.

Buda já recomendava: "Seja luz para seus próprios pés e não procure encontrar-se fora de você mesmo".

Só existe vantagem em ser otimista. É aí que está a sabedoria humana.

Não me refiro ao pessimista camuflado de otimista, aquele que pensa que vai mal, crê que seu mal não tem solução, mas afirma que, mesmo assim, é otimista.

Otimismo não é pintar a vida de ilusões coloridas. É, isto sim, reconhecer que sua vida depende apenas de si mesmo e saber que tem, em si mesmo, o poder de transformar seus desejos em realidade.

Quando você encontrar um verdadeiro otimista, tire o chapéu, porque este chegou à fonte da sabedoria.

O mundo vai para frente graças aos otimistas, já que, estabelecendo uma meta, correm para ela até alcançarem-na.

Só há um jeito de você conseguir algo na vida: Acreditar naquilo que busca e ter certeza que chega lá.

Povoe sua mente com palavras positivas e otimistas e verá, com surpresa, que novas e vigorosas energias assomarão, impulsionando sua vida para o alto e para o sucesso.

Seja diferente: Seja otimista.

14

FELICIDADE: A MEDIDA DA PERFEIÇÃO

Os antigos diziam que a santidade é a medida da perfeição. No meu livro "As Regras da Felicidade" assinalo que a medida da perfeição é a felicidade.

Quando se fala em santidade, muitos imaginam espírito de sacrífício, renúncia, doação, entrega, penitência, autoanulação, enfim carregar o peso do mundo às costas.

Quando se usa a palavra felicidade, alguns entendem alegria, alto-astral, estar numa boa, viver no amor e no sucesso, sentir-se bem consigo mesmo e com o universo, viver no reino dos céus, iluminar-se de amor e ter um grande Amor na vida. Outros acrescentam que felicidade exige ainda muita riqueza material.

Antes de tudo, vamos colocar as palavras nos seus devidos lugares.

Santidade é derivado da palavra sanidade, que, por sua vez, significa ser sadio, estar em perfeita saúde física, mental, emocional e espiritual.

Felicidade significa sentir-se maravilhosamente bem

consigo mesmo, com a humanidade, com o universo e com Deus. É por isso que não há medida mais exata da perfeição do que ser feliz.

Para mim, tanto mais santa é uma pessoa quanto mais feliz.

Deus é a suprema felicidade e quanto mais feliz uma pessoa, mais sintonizada e harmonizada com Deus está.

A pessoa feliz, por outro lado, é saudável ou caminha em direção à saúde, porque a felicidade desencadeia energias poderosas que exercem benéfica ação sobre o organismo. Não é por nada que se diz que rir é o melhor remédio. A sabedoria da bíblia também afirma que "um coração alegre serve de bom remédio enquanto que um espírito abatido virá a secar os ossos".

Felicidade, antes de tudo, é irmã gêmea da saúde.

Ser feliz é alcançar a mais alta dimensão humana.

Rajneesh afirmou que ser feliz é a melhor oração.

Constâncio Vigil escreveu: "O melhor homem é também o mais feliz".

Ralph Waldo Emerson é conhecido filósofo americano, que muito influiu na mentalidade daquele povo. Viveu de 1803 a 1882. Escreveu 142 poemas, além de ensaios. Percorria seu país proferindo conferências. Fez também viagens pela Europa.

Escreveu ele: "Saber viver é a maneira feliz de fazer as coisas".

Não há momento na vida em que seja necessário renunciar à felicidade. Nem mesmo durante a doença, já que felicidade é estado mental. Você domina a mente independentemente do estado de saúde. Aliás, pela energia da felicidade pode-se curar qualquer doença.

- E se morre um ente querido – ponderará você – como posso ser feliz?

Você pode ser feliz, mesmo estando, em certo momento, triste pela perda de uma pessoa querida. Como "estar" é transitório, e "ser" é permanente, haverá apenas uma leve ondulação no seu emocional, mas, no fundo, você continua feliz, porque sabe que todos somos um e continuaremos sendo um, seja qual for a dimensão em que estivermos.

Felicidade é a medida da perfeição. Para ser feliz a pessoa precisa conhecer as Leis que regem a vida e o universo e pô-las em prática. Daí que a suprema felicidade é também a suprema sabedoria.

Até uma desgraça não deixa de ser um fantástico salto para a felicidade.

Assim como todos os caminhos levam a Roma – reza o ditado – da mesma maneira, para o sábio todos os acontecimentos, todos os pensamentos e todos os dias levam à felicidade. Ser feliz é a suprema meta humana.

15

HÁ UMA ESTRADA MAIS FÁCIL

Quando a felicidade e o sucesso batem à sua porta, abra-a.

Se eu disser que a saúde já existe em você, que a riqueza material só depende de você, que o amor tem a sua fonte inesgotável em você, que é você quem cria os resultados da sua vida – você acredita?

- Quando a promessa é demais, o santo desconfia – responderá você, com um pé à frente, outro atrás.

Outros respondem assim:

- Não acredito e nem desacredito; muito pelo contrário.

O hipocondríaco sacode a cabeça e exclama:

- Se é assim, o que é que eu faço com os meus achaques e sofrimentos?

Existe, porém, uma multidão incalculável, detentora de fina inteligência e alta sagacidade que, pelo sim e pelo não, se dispõe a ir ver de perto.

Estes pensam desta forma: Se não é bem assim, pelo

menos alguma coisa se aprende; mas, se é assim, que descoberta fantástica! Que avanço na vida!

Se toda a humanidade fosse sempre descrente, talvez ainda todos os tesouros estariam enterrados debaixo da terra e os Governos do mundo inteiro não teriam dado um centavo sequer para as pesquisas que produziram os grandiosos progressos do mundo.

A ciência do Poder da Mente é uma realidade hoje indiscutível, assentada em milhares de volumes espalhados pelo mundo inteiro e confirmada por todas as correntes filosóficas de pensamento dedicadas às descobertas das potencialidades humanas.

Certo dia, um homem fez uma longa e sacrificada viagem, por entre densa floresta, passando por mil sacrifícios, para chegar até um povoado. Perdeu-se diversas vezes, foi maltratado pelos mosquitos, passou por terrenos alagadiços, por depressões íngremes, enfim foi uma luta desgraçada para chegar ao destino. Quando aportou no povoado, os habitantes lhe informaram que havia uma estrada asfaltada, com todos os recursos, pela qual chegaria tranquila e confortavelmente àquele lugar.

Por que passar por sofrimentos, depressões, estresses, fracassos, dificuldades, desânimos, privações, marés baixas, problemas e angústias, quando, na verdade, existe um Poder Infinito dentro de cada um, que remove as dificuldades e alcança tudo o que for desejado e pedido?

Por que embrenhar-se por selvas inóspitas e sofridas, quando existe a estrada asfaltada do seu Poder interior, através do qual você chega facilmente ao seu destino?

Aí – e somente aí – está a diferença entre os felizes e

os infelizes, os bem-sucedidos e os fracassados, os que sofrem e os que vivem maravilhosamente bem, os solitários e os iluminados de amor, os que habitam favelas e os que moram em palacetes.

Pare, olhe, escute.

É a hora de acertar o seu caminho.

Pense na montanha fantástica de sonhos, desejos e ideais que criou na infância, na adolescência, na juventude, na mocidade, na idade adulta, e não realizou. Está perdendo tempo. A felicidade e o sucesso estão mais uma vez batendo à sua porta.

16

NÃO SENTE NOS ESPINHOS

Permita que eu cite, desde já, J.Taylor, porque é o que acontece com inúmeras pessoas: "Quanta gente anda ocupada no mundo a colher um braçado de espinhos para sentar em cima!".

Mas vou acrescentar, em contraposição, esta frase de Bernanos: "Se pudesse recomeçar a vida, eu procuraria fazer meus sonhos mais grandiosos, porque a vida é infinitamente mais bela e maior do que eu pensava, mesmo em sonho".

Tomando as imagens suscitadas pelas duas afirmações, posso dizer que uns sentam sobre rosas e outros teimam em sentar sobre espinhos.

De um lado, há os otimistas, os positivos, os autoconfiantes, os sábios, que acreditam que a vida não é um barco à deriva, mas uma caminhada consciente, com rumo autodeterminado, na direção exata das metas definidas.

De outro lado, existem os pessimistas, os negativos, os fracassados, os desanimados, que pensam que a vida é madrasta, injusta, insuportável, osso duro de roer. Estes passam o tempo todo a colher espinhos para sentar em cima. Sim, afirmam com a maior sinceridade do mundo que o sofrimento deles é verdadeiro, real, muito real. Claro que é real, tão real quanto os espinhos que lhes servem de assento. Não percebem, porém, que para não sofrer, devem deixar de colher espinhos e de sentar neles.

O otimista sabe que importa colher rosas multicoloridas para viver em meio às flores e ao perfume.

Se você é negativo, que tal seguir a ideia de Bernanos? Recomece a vida procurando fazer seus sonhos mais grandiosos, acreditando que a vida é mais bela e melhor do que tudo que você imaginou até aqui.

É fácil ser otimista: prefira as rosas aos espinhos; escolha o sucesso e demita o fracasso; apanhe a alegria e jogue fora a depressão; acredite no seu negócio e desfaça-se dos temores.

Lembre-se que se você não ficar com as rosas, outros as levarão.

O otimismo jamais se apagará da face da terra: apenas vai para outras mãos. É como a chuva: sempre está caindo onde se oferecem as condições.

Otimista é aquele que otimiza as possibilidades.

Imagine que um pessimista e um otimista querem comprar uma casa. O pessimista só vê o lado negativo, por exemplo, que a casa é muito cara; que está ganhando o insuficiente para o preço do imóvel; que a casa é grande ou pequena demais; que vai ser muito difícil pagá-la; que poderá futuramente necessitar do dinheiro das prestações para qualquer urgência; que, se tiver de viajar, a casa poderá ser roubada; que, se um dia, precisar mudar-se para outro lugar, não conseguirá vender a casa; que a rua pode ser muito barulhenta; que os vizinhos talvez não sejam boas pessoas...

Já o otimista vê a casa como grande negócio; muito boa para morar; as melhores condições de acomodação; o preço é condizente e dá perfeitamente para pagar; o ambiente é bom; a rua é adequada; há ônibus, supermercados, padarias, farmácias, no quarteirão; assim por diante.

Em suma, o pessimista vê os defeitos; o otimista vê as qualidades.

Quem tem razão?

- Aquele que sabe que o pensamento e o desejo acreditados fazem a realidade. Porque ele será sempre otimista.

17

A CHAVE DO PROGRESSO

Começo citando uma frase de Rafael Martin del Campo, lida na revista Seleções:

"A vida começa quando decidimos o que queremos dela" (abril/93).

Enquanto um barco estiver à deriva, está perdendo tempo, dinheiro e correndo risco de naufrágio. É uma imagem da vida. Enquanto você não sabe o que quer, perca as esperanças de chegar a algum lugar e de conseguir alguma coisa.

O ponto de partida para atingir qualquer objetivo é a determinação mental.

De nada vale um trem, um avião, um tanque de guerra, um guindaste, um navio, se não for acionado. Por mais fantástico que seja, não passa de inutilidade.

Sófocles dizia que "de todas as maravilhas do mundo, o homem é a maior", mas se não funcionarem essas maravilhas, vale como sucata humana.

A vida começa quando você decide o que deseja dela.

Napoleon Hill escreveu que “o ponto de partida do caminho que leva à riqueza é o desejo” (Pense e Enriqueça).

Ao desejar algo, já decidiu o que quer. Somente agora o conteúdo do seu desejo começa a ganhar vida.

Enquanto não houver decisão, não haverá ordem a ser cumprida.

Uma pessoa pode ser muito inteligente, de elevado QI, dono de vasta erudição, e não ser nada na vida, não ter nada, não sair do mesmo lugar, porque a arrancada para frente ocorre somente quando se decide sobre o que quer.

Diz o ditado que barco parado não ganha frete. Também barco sem rumo não ganha frete.

Não adianta ficar se queixando, alinhar mil argumentos sobre a crueldade do seu destino, justificar filosoficamente a sua frustrada situação. Mesmo que encha vinte volumes sobre o assunto, nada mudará na sua vida. Não avançará um metro sequer.

Criar o objetivo, determinar-se a ele, acreditar nele, este é o ponto de partida para alcançar os resultados desejados.

Pense os objetivos, alinhe-os um por um, acredite que chegará lá, dê o primeiro passo, mantenha firme otimismo – e infalivelmente você atingirá a meta muito antes do que imaginava. E de uma forma tão admirável que ficará surpreso.

Faça assim e você começou a melhor e maior fase da sua vida.

18

FELICIDADE SEM CONTRADIÇÃO

Sempre que alguém define a felicidade em termos que podem ser contraditados, ou se equivocou ou não alcançou o todo.

Veja, por exemplo, o filósofo Rousseau. Disse ele: "Sejamos bons e depois seremos felizes". Pois, você sabe que existem pessoas boas que são infelizes, angustiadas, ansiosas, ou até magoadas. Bondade não é sinônimo de felicidade.

A Bhagavad-Gita também não acertou em cheio ao declarar que "é pelo cumprimento dos seus deveres que o homem se revela à suprema felicidade", uma vez que há os que cumprem seus deveres e, no entanto, são infelizes.

O grande escritor russo Leon Tolstoi afirmou: "A verdadeira felicidade está na própria casa, entre as alegrias da família". Mas, pode-se reconhecer que existem pessoas felizes que não têm casa e nem família.

Aqueles que dizem que as pessoas ricas são infelizes incorrem em confusão mental, porque tanto existem pessoas ricas que são felizes como existem pessoas ricas infelizes.

Ao fazer uma afirmação, verifique se a sua verdade é redonda ou apenas parcial.

Quando o noticiário publica que Fulano de Tal, dono de imensa riqueza, se suicidou, logo surge alguém que comenta: "Riqueza só traz infelicidade". Não é verdade, porque existem muitos ricos felizes; por outro lado, ele pode ter dado cabo da vida por frustração no amor, por mágoa, por doença, por depressão e por inúmeros outros motivos que nada têm a ver com o seu patrimônio material.

Num teatro do interior, certa vez fazia-se a apresentação de "Fausto". Havia uma cena em que Mefistófeles levava Fausto para o inferno, cena que se realizava com a ajuda de um alçapão. O demônio desceu, por entre as nuvens de enxofre, mas quando foi a vez de Fausto descer às profundezas do inferno, ficou entalado no alçapão, a meio corpo.

Alguém da plateia gritou:

- Graças a Deus, o inferno está cheio.

Aí o demônio voltou e rebateu:

- Mas nem por isso o céu está aberto para os que fazem gracinha no teatro.

Moral da história para nós: Não é porque existem infelizes que se vai dizer que a felicidade não existe.

Um dia, um caboclo entrou numa loja de ferragens e pediu uma tomada de corrente de luz.

O vendedor perguntou:

- O senhor quer uma tomada macho ou tomada fêmea?

E o caboclo:

- Óia, pra mim tanto faz. Nós qué uma tomada pra

acendê a luz e não pra fazê criação.

Moral da piada: A riqueza é uma necessidade para a pessoa alcançar mais fácil e totalmente seus objetivos na vida e não como premissa de felicidade.

Ser feliz, repetindo a definição, é sentir-se bem consigo mesmo, com a humanidade, com o universo e com Deus.

Sentir-se bem é fenômeno mental. É fazer com que toda a dimensão da mente seja positiva, alegre, plenificada de amor. É o próprio reino dos céus interior.

- Impossível?

- Não, talvez apenas demore um pouquinho mais.

Comece a mentalizar agora mesmo e você já tem meio caminho andado.

19

RESSURGIR

É próprio das pessoas inteligentes – como você – extrair lições positivas de episódios e acontecimentos do dia a dia.

Se você refletir, ainda que por instantes, à hora de deitar, sobre a jornada do dia, por certo verificará que todos os fatos, bons e ruins, serviram para enriquecer seu cabedal de experiências, de valores e de sabedoria.

A semana da paixão e da páscoa, por exemplo, oferece lições inesgotáveis.

Antes de tudo, significa a vitória da vida sobre a morte, do bem sobre o mal, da liberdade sobre a repressão, da luz sobre as trevas, da sabedoria sobre a ignorância, do indivíduo sobre a força pública.

Traz o ensinamento de que não existem derrotas e nem fracassos irrecuperáveis.

A ressurreição do Cristo, no domingo de Páscoa, comprovou aos discípulos e ao mundo a verdade revelada pelo Mestre de que o impossível não existe.

- Se tu podes crer – afirmou Jesus – tudo é possível ao

que crê.

Se você anda desanimado da vida, no fundo do poço, sofrendo doença considerada incurável, atolado em dívidas, com vontade de suicidar-se, afogado nas drogas, derrubado por algum fracasso, abatido pela deterioração do seu casamento – recolha a lição da ressurreição.

Tudo tem solução.

O possível você faz agora; o impossível só demora um pouquinho mais.

Quando você sofre a sua sexta-feira da paixão, jamais esqueça que o domingo da Páscoa o está esperando.

Mesmo que você seja injustiçado, caluniado, amordaçado, saiba que a sua luz dominará as trevas e você vencerá.

Até quando pensarem ter destruído você, a sua luz interior sobrepujará a tudo e você ressurgirá mais glorioso que nunca.

Você, que está no fundo do túnel, mergulhado na escuridão total, continue andando, que logo ali sairá para a luz de um novo viver.

Nada há de irreversível na vida, a não ser que mantenha a amarra da desesperança.

A fé – já ensinava o Mestre – remove montanhas, cura doenças, realiza milagres, tudo alcança e torna possível o impossível.

Acredite, ore e mentalize que você está superando as dificuldades, vencendo as desgraças, revertendo o fracasso, abrindo caminho, alcançando seus objetivos, recuperando a saúde – e assim será.

Lembre-se que Jesus ressuscitou, quando ninguém acreditava nisso.

Você ressurgirá para a vida dos seus sonhos, mesmo que todos, ao seu redor, considerem-no acabado e derrotado.

Vencer ou vencer. Ressurgir ou ressurgir.

Derrube você mesmo a pedra da sua sepultura e proclame a sua ressurreição.

Faça-o agora, explodindo as suas energias interiores, e então festeje a sua páscoa, com tudo a que tem direito.

20

SOFRIMENTO VERSUS FELICIDADE

Rui Barbosa, certa vez, escreveu o seguinte:

"De tanto ver triunfar nulidades;

de tanto ver prosperar a desonra;

de tanto ver crescer a injustiça;

de tanto ver agigantarem-se os poderes nas mãos dos maus, o homem chega a desanimar da virtude, a rir-se da honra, a ter vergonha de ser honesto".

Da mesma maneira, parodiando Rui Barbosa, muita gente, de tanto ver sofrimentos por toda parte, acaba por desacreditar da felicidade.

Existe tanto sofrimento na vida – filosofam por aí – logo a felicidade não existe.

La Bruyère até escreveu que "a maior parte dos homens utiliza a melhor parte da vida para tornar a outra infeliz".

Rifilato chegou a afirmar isso: "Assim como o dia nasce da noite, a felicidade nasce da tristeza". Então, seu Rifilato, quer dizer que a depressão e a tristeza são a fonte da felicidade?

Erasmo foi ao ponto de dizer que "quanto maior é a sua sabedoria, mais os homens se afastam da felicidade", o que para mim significa que a burrice seria a mãe da felicidade.

Lao-Tsé também tem a sua: "A felicidade nasce da infelicidade; a infelicidade está escondida no seio da felicidade". É mais ou menos como dizer que da sombra nasce a luz.

Pois bem, como diz aquele velho ditado, vamos começar do começo: Existe a felicidade?

Se não existisse não poderia ser pensada e muito menos desejada.

Tudo aquilo que você pensa e deseja existe e está esperando por você.

Se Deus tivesse dado ao ser humano o poder de criar algo na mente e não lhe desse o poder de tornar realidade esse algo – ou seria incompetente ou sádico.

É fora de dúvida que o ser humano deseja ser feliz.

Agostinho de Hipona, o grande luzeiro da Igreja, disse, certa vez: "O homem deseja ser feliz, mesmo quando vive de maneira a tornar a felicidade impossível".

- Existiram ou existem pessoas felizes?

Não tenho dúvida nenhuma.

Como somos feitos todos do mesmo barro, se existe uma pessoa feliz, consequentemente todos podem ser felizes.

- Onde está a felicidade?

A Bhagavad-Gita diz que está no cumprimento dos deveres.

Confúcio afirma que "com pão para comer, água para beber e um braço dobrado por almofada, pode-se encontrar a felicidade".

O filósofo Spinoza enfatiza que a felicidade é a própria virtude.

Sigmund Freud, o pai da psicanálise, andava um tanto cético quando escreveu: "Somos tentados a pensar que não entrou no plano da "Criação" a ideia de que o homem fosse feliz".

Jean Jacques Rousseau simplificou tudo nessa frase: "Eis a felicidade: uma boa conta bancária, uma boa cozinheira e uma boa digestão".

Digna de menção é a maneira como Shakespeare trata a felicidade: "Uma vida inteira de felicidade! Nenhum ser vivo suportaria isso, seria o inferno na terra". Pelo que entendi, ele diz que a suprema felicidade é a suprema infelicidade. Por outras palavras, ser feliz é ser infeliz.

Quando você ouve alguém falar de felicidade, preste bem atenção, porque pode estar falando meia verdade ou agindo como livre atirador em assunto mal assimilado. Pode, até, estar transmitindo apenas o próprio estado de alma.

Felicidade é essência vital, por isto a sua definição deve alcançar a plenificação do todo da vida.

21

PLANTAR E COLHER

Percorrendo o interior do país, o homem chegou até um agricultor que estava sentado à sombra de uma árvore e perguntou:

- Aqui dá feijão?

- Não, senhor – respondeu o campesino.

- E dá milho?

- Não, senhor.

- Não dá arroz?

- Não, senhor.

- Essas terras não produzem batatas?

- Não.

- Nem soja?

- Também não.

- Mas, se a gente plantar, não colhe nada? – insistiu o homem.

- Bom, se a gente planta – falou o camponês – aí dá milho, dá arroz, dá feijão, dá batatas, dá soja, dá de tudo.

É uma boa piada para explicar a você, que está triste,

deprimido, pobre, desgostoso da vida, desanimado, que, se plantar na sua mente, alegria, felicidade, bom humor, riquezas, entusiasmo, prazer de viver, colherá tudo isso.

James Allen, no seu livro "Da Pobreza ao Poder", escreveu: "Sobre o portal da eternidade está inscrita, em letras flamejantes, a Lei: "O que o homem semeia, aquilo colherá e ninguém a ela escapa".

Você é o grande semeador da sua vida.

Quer saiba ou não, todas as afirmações, ideias, fatos, conceitos e preconceitos que aceita como verdades, são plantações mentais que produzem o fruto da mesma espécie.

A Lei é tão simples quanto verdadeira.

Comece a plantar nas suas terras mentais as boas sementes da alegria, da paz, da autoestima, da riqueza, da saúde, do sucesso, da felicidade, do amor e das coisas boas que deseja para si.

Existem pequenos agricultores e grandes agricultores; os que muito plantam, os que pouco plantam, os que nada plantam e os que deixam os outros plantarem o que quiserem na sua terra. É isto que difere os homens entre si.

Todos dispõem da mesma ferramente divina. Uns se empenham noite e dia em semear maravilhas na vida, colhendo fortunas mentais, espirituais e materiais. Outros sentam em cima do cabo da enxada e ficam esperando a vaca tossir.

O famoso escritor irlandês George Bernard Shaw, que viveu de 1856 a 1950, escreveu, certa vez, com seu espírito bem-humorado: "Há pessoas que não pensam mais de duas ou três vezes por ano. Eu ganhei fama internacional por pensar uma ou duas vezes por semana".

O pior é que certas pessoas, além de pensar poucas vezes por ano, ainda por cima pensam negativamente. Além de plantar pouco, plantam mal.

Ao deitar-se, no fim da jornada do dia, veja o que colheu no seu celeiro mental. Se fica apertando o travesseiro com raiva, ou digerindo fatos negativos, ou brigando com problemas, pode estar certo de que a plantação do seu dia foi péssima e prejudicial.

Tomara que, daqui para frente, apenas semeie coisas boas no seu território mental, porque estará colhendo hoje, amanhã e sempre, tudo aquilo que desejou colher.

A escolha é sua. Seja inteligente. Seja positivo.

Otimista é o que sabe o que plantou, porque sabe o que quer colher.

22

OS DEZ MANDAMENTOS DO OTIMISMO

1. Reconhecer e amar sempre o lado otimista da vida.

2. Crer que o otimismo é o melhor caminho do sucesso.

3. Guardar otimismo na mente em todos os momentos do dia.

4. Honrar sempre a verdade de que o pensamento otimista produz a realidade correspondente.

5. Saber que o otimismo reverte qualquer circunstância negativa e prejudicial.

6. Manter a mente, o coração, o corpo e a vida em estado de otimismo puro.

7. Buscar otimismo onde quer que exista.

8. Dar testemunho sincero e leal de otimismo a todas as pessoas.

9. Não invejar o otimismo dos outros, porque ele existe em toda pessoa e será expressado pelo seu pensamento.

10. Ser otimista hoje, aqui, agora e sempre.

23

DIÁLOGO

- Que tal?
- Estou na pior.
- Por quê?
- Tem gente botando poeira no meu ventilador.
- Tem solução.
- Qual?
- Saia de perto do ventilador; ou tire o ventilador daí; ou leve a poeira para outro lugar; ou evite aquele sujeito; ou vire o ventilador para outro lado; ou sacuda a poeira e dê a volta por cima; ou estude as leis da física que determinam que uma força mais forte impulsiona outra mais fraca; ou pense nos ditames da religião: "Lembra-te, ó homem, que és pó e em pó te hás de tornar"; ou faça uma poesia: "Assim como o ventilador levanta a poeira, teus pensamentos positivos levantarão tua vida inteira".
- Eu não estou brincando.
- Pois, então, há ainda outra solução prática.
- Qual?
- Venda o ventilador e compre um condicionador de

ar.

- O que eu quero dizer é que a minha vida está ruim.

- Pois, trate de melhorá-la.

- De que jeito?

- Do mesmo jeito que você conseguiu piorar a sua vida, usando o mesmo esforço e o mesmo método você pode melhorá-la. Sua vida vai para onde você dirigir o seu pensamento. A sua Força interior age na direção do seu pensamento.

- Se fosse simples assim...

- Mas é. Você é o que pensa que é. A sua vida é o que você pensa que ela é. Não tem mistério. Todas as Leis universais são simples e fáceis. E não falham.

- Comigo falharam.

- Pelo contrário. Cumpriu-se a Lei. Ao pensar que sua vida está ruim, tornou-se ruim. No momento em que pensar que sua vida está cada dia melhor e melhor, assim será. Como dizem os grandes mestres: O pensamento é uma realidade mental que se torna realidade física. Não existe isso de dizer que alguém foi vítima de depressão, como se a chuva tivesse provocado a doença. Nada acontece na pessoa que não tenha como causa a própria pessoa. O deprimido é o ilustre autor da sua própria depressão. Assim como o homem feliz é o criador da própria felicidade. Pensar é ser. Pense felicidade e será feliz. Pense mil vezes por dia que a vida está ótima e a vida tornar-se-á ótima.

24

SE...

Se lançarem contra ti toda espécie de calúnias e tu mantiveres a fronte erguida, sem depressão e sem rancor, crente que a verdade sempre prevalece e a mentira tem pernas curtas...

Se deres casa a teu irmão necessitado e, na primeira visita, ele bater a porta na tua cara – e tu encarares o gesto sem ódios e ressentimentos...

Se tiveste que entregar todos os teus lucros ao Imposto de Renda, sofrendo ainda o assédio do fisco que te deixou ralado em dívidas – e, mesmo assim, acreditares na justiça humana...

Se arrombaram tua casa, levando o que conseguiste ao longo da vida – e arregaçares as mangas para começar tudo de novo...

Se passaste a vida fazendo o bem da melhor maneira

possível e um pregador te condenar ao inferno – e tu não desacreditares da religião...

Se teu vizinho te exigiu cercas para que teus animais não invadam a terra dele, mas ele solta os animais na tua terra – e mesmo assim procuras distinguir o pecado do pecador...

Se deste amor, educação e bem-estar ao teu filho e ele voltar-se contra ti – e tu continuares a amá-lo e a fazer o melhor por ele...

Se teu casamento foi destruído pelo teu melhor amigo – e, apesar de tudo, prosseguires acreditando no amor e na amizade...

Se a pessoa mais querida do teu mundo levar em conta as falsidades assacadas contra ti – e, todavia, guardares a calma e a tolerância, com a certeza de que a luz dominará as trevas...

Se tiveste derrame cerebral que te deixou paralisado para sempre segundo os médicos – e, tomado de fé na cura, te dedicares a exercícios, fisioterapia e mentalizações até conseguir os resultados desejados...

Se os governantes te meterem na cadeia porque entendem que não pagaste todo imposto devido e souberes que eles mesmos se apropriaram do dinheiro dos impostos – e ainda assim confiares nos homens e no país...

Se deténs importante cargo público e te oferecerem grossa propina para dares preferência indevida a determinado contrato de obras – e te recusares por ferir tua consciência e prejudicar a outrem...

Se escreveste um livro, gastaste todo dinheiro na publicação, não vendeste um só exemplar – e, contudo, manténs a serenidade, pois cumpriste a tua parte...

Se perdeste um ente querido – e, passados três dias, resolveste que a vida continua e levantaste o astral com todas as forças da alma...

Se roubarem na tua empresa e as acusações caírem sobre tua cabeça – e, apesar dos pesares, continuares com a mesma paz de espírito, confiante na solução divina e humana...

Se a pessoa que mais amas, pela qual tudo fizeste, de repente disser que não te quer mais e partir – e tu ainda admitires que a felicidade mora no teu coração...

Se montaste um negócio, deste de graça metade da sociedade para teu amigo, e ele te passar para trás, deixando-te sem nada – e então recomeçares da estaca zero, convicto de que um episódio não é regra geral...

Se todos te negarem apoio e espaço – e tranquilamente confiares no teu Poder interior, que tudo alcança...

Se diante de qualquer eventualidade negativa, permaneceres otimista...

Se aconteça o que acontecer – mantiveres a mente positiva...

SE ASSIM ÉS, mostra-te ao mundo, que ele precisa ver-te urgentemente.

25

ABAIXO A TRISTEZA E A DEPRESSÃO

A estrada da felicidade não parte dos outros até você, mas de você para você.

Se acha que alguém fez a sua infelicidade, está muito enganado. E se pensa que alguém fez você feliz, também está equivocado.

Como felicidade é estado mental, é óbvio que só existe quando acontecer na sua mente. E você é o único dono da sua mente.

Ninguém tem o poder de montar a cavalo na sua mente – a não ser que você o deixe.

Ninguém tem o poder de invadir a sua mente, a não ser que você o permita.

Da mesma forma, ninguém tem o poder de fazer você feliz, a não ser que você queira e corresponda às suas sugestões, pregações, afirmações, mentalizações, orações e conselhos. Ora, o ato de querer e corresponder é interior, portanto da sua única e exclusiva alçada.

Não fique se exclamando contra Deus e todo mundo:

levante a mente, engate seu vagão numa estrela, ponha sol na sua alma e penetre na luz radiante que existe dentro de si.

Conhece a piada dos dois loucos que estavam presos?

Diz o primeiro louco ao outro:

- A única maneira de sairmos daqui é pularmos o portão.

O outro louco foi verificar o portão e voltou muito triste:

- Impossível pularmos o portão: ele está aberto.

Você, que se sente prisioneiro da sua tristeza e depressão, acorde, vá à saída, que o portão está aberto.

Ninguém é condenado ao sofrimento.

Há no seu interior uma força insuperável que remove qualquer barreira.

Deseje ser feliz agora. Sim, agora. Nem um minuto mais tarde. A vida é curta demais para você perder um minuto.

Dê um sacolejão decidido no portão da tristeza e deixe que o sol da alegria inunde sua alma, brilhe e aqueça você.

Quando a luz penetrar o seu íntimo, consequentemente a escuridão desaperecerá.

Não é simples?

Muitas pessoas pensam que a felicidade mora tão longe que se conformam com a infelicidade.

Puro engano.

A felicidade já existe dentro de você, mas só se manifestará em resposta ao seu pensamento. Da mesma forma, todas as qualidades humanas existem, pelo menos teoricamente, dentro de você, como substâncias à espera da forma.

A forma é concretizada pela ação criadora do pensamento determinante.

Você tem o poder da palavra.

Sua palavra de felicidade produzirá a realidade feliz em você.

A palavra é o seu poder criador.

Assim como a sua palavra de tristeza, de sofrimento, de infelicidade, produz a realidade correspondente, da mesma forma sua palavra de alegria, bem-estar e felicidade produzirá a realidade do seu significado.

Tudo no universo é mais simples do que lhe parece.

Seja feliz. AGORA.

26

A FILOSOFIA DO RISO

Um louco ria a bandeiras despregadas.

- Está rindo de quê? – perguntaram-lhe.

- Estou rindo de uma piada que acabo de me contar.

Por falar nisso, no outro dia um amigo meu encontrou um doido sentado no banco da praça: às vezes ria às gargalhadas, outras vezes levantava a mão direita e interrompia bruscamente o riso.

Meu amigo não se conteve:

- Está rindo de quê?

- Estou me contando piadas.

- E por que você de vez em quando levanta a mão e para de rir?

- É que essas piadas eu já conheço.

Diz o ditado que de músico, poeta e louco, todo mundo tem um pouco, por isso vou contar mais uma.

Era um casal de loucos, que não se davam bem. Certa vez, a mulher, irritada com o marido, exclamou:

- Estou tentando te esquecer, seu ingrato!

Ele:

- E eu estou tentando lembrar quem é você...

Mas, vamos mudar de assunto: Sabe o que disse o para-quedas para o Manoel?

- Estou contigo e não abro!

Ontem eu estava parado numa esquina quando um carro atropelou um rapaz, que berrou para o motorista:

- Qual é a tua, meu! Estás cego?

- Cego eu? Não vê que te acertei bem no meio?

Agora lembrei outra piada do Manoel. Ele empregou-se como ajudante de mecânico. O dono da oficina chama-o para a primeira tarefa:

- Manoel, estou aqui consertando o pisca-pisca do carro. Vai lá atrás e vê se está funcionando.

- Atrás do quê, seu Chefe?

- Do pai do badanha, seu burro!

- Mas, seu Chefe, não vejo nem o pai do badanha e nem o burro. Por acaso é o senhor?

- Já estou perdendo a paciência com você!

- Não se preocupe, seu Chefe. A gente acha.

- Manoel, vai lá atrás do carro e vê se a lanterna do pisca-pisca está funcionando.

- Seu Chefe, ela tá funcionando, não tá funcionando, tá funcionando, não tá funcionando, tá funcionando...

Riu de alguma dessas piadas? Este é o teste da Risada em Pó. Rir lava melhor o pessimismo e deixa a vida mais macia e agradável.

O velho filósofo Platão já dizia que "até os deuses gostam de uma piada".

Por falar em filósofo, anote o que disse Schopenhauer:

"O bom humor é a única qualidade divina do homem".

O riso, além de ser a ponte mais curta entre as pessoas, é também o melhor remédio. Assim diz a sabedoria popular.

A Medicina aceita esse ditado universal como verdade, pois descobriu que o riso e a alegria estimulam o cérebro a liberar endorfinas, hormônios que aliviam as dores e produzem bem-estar.

Torne sua vida alegre e agradável. Você sentir-se-á maravilhosamente bem e as pessoas adorarão a sua companhia.

27

ESTÁ NA HORA: SEJA FELIZ

Fénelon escreveu que "o mais infeliz dos homens é aquele que assim se julga, porque a desgraça depende menos das coisas que sofremos do que da imaginação com que aumentamos a própria infelicidade".

O mais infeliz dos homens é aquele que assim se julga. Uma grande verdade, porque felicidade e infelicidade são estados mentais.

Não são os acontecimentos, em si, que fazem uma pessoa feliz ou infeliz, mas a ideia que essa pessoa faz desses acontecimentos.

Lembro aqui uma frase que li há tempos: "Os tristes dizem que os ventos gemem; os alegres acham que os ventos cantam".

Tudo é questão de ótica mental.

Você vê e sente as coisas através da mente.

Pode ser que você tenha errado, feito besteiras, fracassado, que ninguém é infalível e nem perfeito. Mas, ao invés de ficar aí se lamentando pelos cantos da casa, ou pelos consultórios psiquiátricos, levante a cabeça, corrija a direção do seu barco e siga em frente.

Ficar se lamentando é uma maneira de perder tempo e vida.

Siga em frente.

Às vezes, pode o barco bater num galho de árvore, sofrer o atrito de um banco de areia, chocar-se com outro barco, mas, seguindo em frente, você somente ficará com a parte boa do acontecido, que é a lição para acertar melhor o roteiro e a certeza de que está chegando sempre mais próximo do objetivo.

Se vai adiante, poderá acertar a rota. Se fica parado, a chorar o leite derramado, jamais chegará onde deseja.

Por todas essas considerações, você percebe que a sua mente faz a sua felicidade ou infelicidade, o sucesso ou a depressão, enfim a sua vida.

Preste bem atenção ao conteúdo das suas reflexões diárias sobre os fatos e situações, pois aí está a explicação do que lhe acontece.

Se vive se queixando da vida, achando que não adianta fazer nada, vendo fantasmas e demônios por toda parte, sua vida irá de mal a pior, pois o que você planta na mente, colhe na realidade.

Foi o que afirmou sabiamente Fénelon: "O mais infeliz dos homens é aquele que assim se julga". Ao tomar-se como infeliz, será infeliz, já que nós somos o que pensamos.

O que importa, no entanto, é sacar a conclusão positiva dessa verdade:

"O mais feliz dos homens é aquele que assim se julga". Sim, porque o mundo que se cria na mente, é o que se expressa na vida real.

Inunde a sua mente, a sua alma, o seu coração, com a energia da felicidade. Proclame interiormente a felicidade, imagine-se feliz e verá que esta causa mental trará consigo o efeito correspondente.

Pensar é ser...

28

VIVA A VIDA INTENSAMENTE

Era uma criança cega, surda, muda e muito revoltada. Chamava-se Helen Keller. Graças ao trabalho dedicado e paciente de uma notável professora particular, Anne Sullivan, esta criança conseguiu superar todas as deficiências e tornou-se conferencista e escritora de renome internacional.

Um de seus livros registra o seguinte trecho: "Eu que sou cega, posso dar um conselho aos que veem, àqueles que deveriam fazer uso completo do dom da vista: Sirvam-se dos seus olhos como se amanhã fossem ficar cegos. O mesmo princípio é válido para os demais sentidos. Ouçam a música das vozes, o canto das aves, os poderosos acordes de uma orquestra como se amanhã fossem ficar surdos. Toquem em tudo com amor, aspirem o perfume das flores, saboreiem, com deleite, os alimentos, como se amanhã fossem perder o tato, o olfato e o paladar".

É bom que você pare um pouco para pensar sobre essa mensagem de Helen Keller.

Se você anda se queixando amargamente da vida,

lembre-se dos que não têm olhos, nem ouvidos, nem tato, nem paladar. Pense nos que são mudos, nos aleijados, nos que estão presos ao leito, sem condições de se mover.

Você, ao contrário, tem olhos, ouvidos, tato, olfato, pernas, pés, pode falar, andar, rir, amar.

Você pode olhar as pessoas, contemplar a beleza dos rostos, das flores, das montanhas, dos mares, dos céus, das estrelas; você pode ler revistas e livros; apreciar pinturas e fotografias; ouvir sinfonias, música popular; ouvir o sussurrar do filhinho, as doces palavras de amor e carinho de pessoas queridas. Você pode sentir a gostosura dos alimentos, dos chocolates, do churrasco, do feijão com arroz, do peixe, do pão, do leite. Você pode tocar os entes queridos e sentir a vibração afetuosa; pode tocar as flores, as crianças, as árvores, os animais, a água, as pedras.

Pode andar, correr, ir para cá e para lá ao bel-prazer; pode visitar pessoas, subir escadas, andar pelos jardins, percorrer as ruas e as praças; caminhar ao lado das pessoas que ama.

Dê-se conta desses dons extraordinários que você tem.

Abençoe a vida, ao invés de amargurar-se.

Amanheça cada dia cantando a felicidade de poder usufruir das maravilhas desse lindo mundo criado por Deus para a sua delícia.

Vamos, comece a curtir a vida em toda plenitude.

Reconheça, com alegria, que você é um milagre vivo.

Cada vez que seu astral quiser baixar, lembre-se de Helen Keller.

Ela não teve as facilidades da vida que você tem e, no entanto, conseguiu sentir-se maravilhosamente bem neste mundo.

29

RESTA LEVANTAR O ASTRAL

Há poucos dias, estava lendo um artigo sobre depressão, publicado na revista Diálogo Médico.

Dizia o seguinte: "Quando as circunstâncias da vida entristecem alguém, o organismo reage, a bioquímica do corpo trabalha para estimulá-lo. A depressão é a incapacidade neurológica, glandular, cerebral, de cumprir essa função. É uma doença física, orgânica, que se caracteriza principalmente pela falta de interesse em quase todas as atividades. Você pode botar um deprimido dentro do navio Eugênio C, com caviar, champanha, música da melhor qualidade...e ele vai continuar achando tudo péssimo. Para o deprimido, a vida não vale a pena. Ele perde a esperança".

Depois desta citação, quero dizer-lhe que tudo tem solução. Há dentro do próprio deprimido uma força poderosa capaz de levantá-lo. É necessário, portanto, que ele se ajude.

Nada de ficar sentado à beira do caminho, deixando a vida passar.

A vida é hoje, aqui e agora. E neste momento você pode dar o grito da sua libertação e fazer explodirem novas energias.

Se você está no fundo do poço, simplesmente ponha uma escada e suba.

O que eu quero dizer é que a solução é bem mais fácil do que você está imaginando.

Basta você levantar a cabeça, olhar em frente e ter certeza de que nada resiste ao poder de um pensamento definido e acreditado.

Erga a sua mente até as metas mais ousadas que possa sonhar e dê o primeiro passo nessa direção, com a fé inquebrantável de que já está chegando lá.

Frank Lloyd Wrigth, famoso arquiteto e um dos gênios mais criadores, disse: "Sempre acontece a coisa em que realmente se crê".

A luz que iluminará o seu túnel, está dentro de você. É a fé, isto é, a certeza de que há um poder interior capaz de transformar seus desejos e projetos atuais em realidade física.

Se você caiu, ou se derrubaram você, levante-se com garra, com vigor e com a energia do pensamento positivo determinado.

A vida continua linda.

Só para você rir um pouquinho, vou dizer-lhe a frase mais otimista que li até hoje: "Mesmo a caminho da forca, aproveite o passeio".

Gostou?

Então, levante o astral, que amanhã é outro dia.

30

A MENTE POSITIVA CURA DOENÇAS

Um dos fenômenos humanos que mais impressionam as pessoas é a relação existente entre a mente positiva e a saúde orgânica.

Soa um tanto estranho para muita gente que a alegria, a felicidade, a paz, o amor, a fé, a alegre expectativa, possam melhorar e fortalecer a saúde.

Faz-me lembrar aquela vez em que um velhinho do interior foi receber uma injeção no braço por causa de problemas intestinais.

O homem reclamou de imediato:

- Para aí. Deixa o meu braço em paz, que ele não tem nada a ver com a minha barriga.

A mente sempre interfere no funcionamento do corpo. Esta é uma verdade já comprovada pela própria Medicina.

A solidão, a raiva, a tristeza, a hostilidade, o medo, são interpretados pelo corpo como estresse e você sabe que o estresse enfraquece o sistema imunológico, predispondo o organismo a doenças.

Por outro lado, a alegria atua sobre o cérebro levando-o a liberar o hormônio da endorfina, que alivia as dores e produz bem-estar, além de fortalecer o sistema de defesa do organismo.

Afirma o Dr. John Schindler que as emoções positivas, como a alegria, a coragem, a determinação, a serenidade, a fé, o entusiasmo, o otimismo, a felicidade, o alto-astral, estimulam a pituitária a produzir um ótimo espectro hormonal.

"Isto – escreveu ele – exerce efeito muito mais poderoso para a boa saúde que qualquer droga ou conjunto de drogas de nosso conhecimento".

Candace Pert, pesquisador do Instituto Nacional de Saúde Mental, da Inglaterra, afirmou que "as pessoas possuem em si mesmas a droga para a cura de todas as doenças".

Disse ainda ele: "É preciso perceber que temos poder sobre nossa saúde, pois é a mente quem cura o corpo".

O Dr. John Diamond, em seu livro "Seu Corpo Não Mente", escreveu: "Sempre soubemos como é belo e benéfico o sorriso. Agora podemos demonstrar o valor terapêutico de sorrir".

O Dr. Diamond sugere que se faça sorrir a pessoa que esteja com a energia vital do timo enfraquecida.

O cirurgião E. Stanton Maxei, da Flórida, EUA, membro do American College of Surgeons, disse "que um estado mental pode produzir uma úlcera do estômago ou um tumor no seio. Portanto, se você restabelecer a mente, você pode curar a doença. É óbvio que a mente humana interfere nas doenças".

O cultivo de pensamentos e sentimentos alegres e felizes, positivos e agradáveis, tem grande valor para a saúde, para a vida e para as finanças.

É o que se depreende do ditado: "Rir é o melhor remédio". Já que o riso e a alegria são o remédio mais eficaz e este remédio é gratuito – fator relevante nestes momentos bicudos da economia nacional – nada melhor do que esconjurar o negativismo e rir a valer.

31

A VIDA É UMA FESTA

Certa vez, em Portugal, um casal me ofereceu de presente uma medalha dourada com esta legenda: "A VIDA É UMA FESTA".

Dentre tantas definições da vida que já vi, ouvi, li e aprendi até agora, esta foi a mais perfeita que pude extrair das profundezas do meu ser: A VIDA É UMA FESTA.

Por toda parte aonde vou levar a mensagem positiva da vida, mostro a grande e abençoada verdade de que A VIDA É UMA FESTA.

É claro que não significa que você deva sair todas as manhãs a dançar pelas ruas, a cantar em todas as praças, a fazer folia todas as noites.

Trata-se de um estado interior.

Na sua mente, no seu coração, no seu ser total, você deve comemorar a festa da vida.

Onde quer que esteja, sentir-se-á um ser humano na plenitude da sua realidade quando você viver no seu reino dos céus interior.

Jesus dizia, há quase dois mil anos, que o reino dos

céus está dentro de você. E completava que o reino dos céus é como um banquete.

Portanto, não estou dizendo nenhuma novidade. Apenas clarificando uma verdade tão linda quanto necessária.

Felizmente, estou ouvindo, cada vez com maior frequência, nas reuniões, na televisão, na rua, nos programas, que A VIDA É UMA FESTA.

Quando a humanidade estiver conscientizada desta verdade, e a colocar em prática, o mundo será um paraíso e estaremos vacinados contra os males do estresse e da depressão.

Se você, nos momentos de alegria, de sucesso, de descontração, de comemorações, exclamar que A VIDA É UMA FESTA – isto já é uma coisa boa. De degrau em degrau, chega-se ao cimo da escada.

Mas, o essencial é que esta verdade esteja gravada nas profundezas da mente subconsciente, para que se transforme em estado de ser. Neste caso, você não só diz que A VIDA É UMA FESTA, mas a sua VIDA É UMA FESTA perene, aconteça o que acontecer.

Como alcançará este estágio maravilhoso?

A resposta é simples: Proclame para si mesmo, através da sua palavra interior, muitas vezes por dia, que a sua VIDA É UMA FESTA. Mentalize, medite, ore, imagine, diga para si mesmo, com a fé simples da criança, que A VIDA É UMA FESTA.

Esta repetição tornar-se-á um hábito e o hábito cria uma segunda natureza. Pronto, você agora é aquela criatura maravilhosa e alegre que sempre desejou ser.

Sua alegria será luz que apagará as sombras das tristezas e depressões; será energia e equilíbrio que evitará o estresse; será fonte de agradável convivência no lar e no ambiente de trabalho.

Comece desde já a mentalizar esta bela jaculatória: A VIDA É UMA FESTA.

Não importa se você cai, aqui e ali, em poças de tristeza ou tropeça nas pedras do desânimo: continue proclamando com todas as suas forças que A VIDA É UMA FESTA. As energias interiores virão em seu socorro e você se sentirá cada vez melhor e melhor em todos os sentidos.

32

QUANDO SETEMBRO VIER

Olhe pela janela. Já é primavera.

A natureza se veste de cores, perfumes e alegria, para que você curta a alegria de viver.

A vida explode por toda parte para que você sinta a explosão das suas próprias energias.

Não seja daqueles que vivem num eterno polo norte, sempre gelados, sem vida, sem horizontes e sem entusiasmo.

Aí fora está uma linda lição: depois do inverno chuvoso e frio, quando a vida se retraiu e aquietou-se, eis que emerge exuberante e produtiva a primavera.

Talvez até aqui você tenha se fechado em si mesmo, desiludido de tudo e de todos, sufocado por fracassos e prejuízos.

Mas chegou a hora de abrir os olhos e seguir o exemplo da primavera: rompa o seu gelo interior e deixe que o sol da vida, do entusiasmo e da fé energizem a sua alma.

O inverno passou. Agora tudo é primavera.

Sua desgraça também já é passado. Determine que tudo é primavera mental. Proclame a festa da vida. Faça desabrochar seus ideais e projetos. E siga em frente, com ânimo elevado e positivo.

Que seria da primavera se ficasse eternamente se revolvendo no inverno passado? Sem dúvida, jamais veria a vida florescer.

Não permita que a energia vital de hoje seja sufocada pelo inverno do seu pessimismo.

O inverno representa o fracasso, a paralisia mental, a frieza do coração, a depressão.

A primavera lembra a alegria de viver, a esperança tornada realidade, o desabrochar do amor, a explosão das energias interiores, o raiar da felicidade.

Seja primavera. Seja vigoroso, exuberante, produtivo, resplendente.

A primavera é o apelo veemente à sua juventude interior.

Se você se considera velho demais, acabado como o inverno, repito-lhe uma frase do humorista Millor Fernandes: "Velhice é apenas preguiça de ser jovem".

Orison Sweet Marden escreveu, num dos seus livros, que "seremos fisicamente tão ágeis aos cinquenta ou sessenta anos, como éramos aos quinze, se soubermos conservar a juventude do espírito".

Ponha primavera na sua mente e no seu coração e verá jorrarem as águas da sua juventude adormecida.

Este é o seu momento precioso de começar nova vida.

Levante a cabeça e veja as árvores floridas.

Tem gente que usa a cabeça só para colocar o chapéu e levanta os braços apenas quando vai passar desodorante.

Erga-se além do seu próprio muro e contemple a primavera da sua vida.

Faça-a florir de grandiosos projetos e produzir os saborosos frutos das realizações exitosas.

Despeça-se do seu inverno e abra-se para a sua primavera vital.

Escolha agora mesmo a felicidade.

Sua palavra é a sua força. Sua força é a garantia do fruto colhido.

Acredite que está surgindo a mais linda primavera da sua vida.

E diga comigo agora e sempre: A vida é uma festa primaveril.

33

A FELICIDADE NÃO MORA AO LADO

A alegria, o prazer da existência, estão onde você está e não em lugar ignorado e não sabido.

Ao acordar de manhã, abençoe o dia, descontraia o rosto, brinque de felicidade, cultive o sorriso ensolarado e curta o milagre deste instante vital.

Aqueles que amaldiçoam o passado e descreem do futuro estão sempre fora de casa, longe de si mesmos, por isso não conseguem viver. Porque estão onde não estão. Dá para entender?

Você pode estar aqui fisicamente e seu pensamento andar vagando pelo deserto. Isto não é viver. É alienação.

Olhe para si mesmo. Descubra a criatura maravilhosa que você é. Perceba que você é o que pensa e só lhe resta pensar alegria, viver alegria, sonhar alegria, proclamar alegria, ver alegria no seu caminho, meditar alegria. Se assim fizer, com surpresa sentirá uma aura gostosa na sua vida, uma irradiação benéfica, e sua saúde melhorará em muito.

Diz o ditado popular: Vale mais um prazer que dez

vinténs.

Reza outro ditado da sabedoria humana: Vão-se os anéis, ficam os dedos.

Ao invés de viver aborrecido, com o burrinho amarrado, chateado com tudo e com todos, sorria para si mesmo, veja as coisas boas que existem em você e ao seu redor e verá que há muito mais razões para alegrar-se do que para chatear-se.

Georges Clemenceau escreveu: "Uma vida é uma obra de arte. Não há poema mais belo que viver em plenitude".

Você é uma linda obra de arte. Você é um mundo indizível que se expressa a cada instante. Contemple com prazer este mundo e torne-o cada vez mais radiante e irradiante através da energia do seu sorriso.

Só há uma maneira de mudar a sua vida e torná-la mais agradável e feliz: mudando os padrões dos seus pensamentos.

Acha você que é possível colher frutas deliciosas no seu pomar se continua a plantar sementes daninhas?

Não espere que a felicidade bata à sua porta. Ela já está aí dentro da sua casa interior. Vá ao encontro dela, abrindo-lhe a mente, a imaginação, os pensamentos, as emoções e os sentimentos.

Ser feliz é pensar felicidade. Como seu pensamento torna-se realidade na sua vida – é assim que a felicidade iluminará a sua tenda.

Tão simples. Tão fácil. Tão à sua disposição.

34

O QUE FAZER DA VIDA

O diálogo começou assim:

- Vou me aposentar dentro de um ou dois meses.

- Já?!

- Veja como passa o tempo. Parece incrível. Quando a nossa turma se formou, saímos pelo mundo com fé e entusiasmo na vida. Dez anos depois, nos reunimos. Mais dez anos se passaram e nos reencontramos novamente. Após outros dez anos, promovemos nova confraternização. Já não éramos mais os mesmos. Aí estavam uns de cabelos brancos; outros sem cabelos; outros bastante decaídos pela doença... Como os anos passam e a gente nem se dá conta!

Cada pessoa que você conhece tem uma fórmula especial de vida. Há aqueles que desperdiçam a saúde já nos primórdios da juventude, desgastando-se com excessos; há os que entram pelos descaminhos, desnorteando a vida, e muito cedo vão parar na cadeia ou no cemitério; uma legião imensa abre as portas da juventude e da mocidade com ânimo irresistível, enfrentando a luta para conquistar espaços e riquezas; tantos outros buscam o sucesso e uma alta conta bancária a fim de gozar os últimos anos de vida; muitos outros começam a vida com a firme intenção de recolher um respeitável patrimônio para o dia da sua aposentadoria.

Os anos passam. Na hora de colher os frutos, grande parte já não existe mais; alguns estão enfermos; outros perderam o que tinham; uma boa parcela vive em depressão; muitos seguem preocupados com o amanhã e assim continuarão até a hora do último suspiro.

Encontrar uma correta e aprazível filosofia de vida parece não ser tão simples.

Mas é simples. Desde que se conheçam e reconheçam algumas premissas indispensáveis.

A primeira delas é que a vida não é amanhã, nem depois do enriquecimento e nem a partir da aposentadoria: É hoje, aqui e agora. Só existe este momento e este momento é um milagre estupendo, que precisa ser festejado intensamente. O passado e o futuro não existem. Você é o que é agora. Se você está deprimido, sua vida é depressão, pouco importa se esteve feliz durante vinte anos. Se está doente, você é um doente, mesmo que tenha vivido saudável durante trinta anos. Se agora é feliz, sua vida é felicidade, porque só existe o momento presente.

O segundo ponto – pouco conhecido – é que a Fonte de tudo está no seu interior.

O terceiro item assinala que você tem dentro de si o Poder de transformar todos os seus desejos em realidade física. Na verdade, o mundo exterior nada mais é do que a materialização do seu mundo interior.

Assim sendo, viva o dia de hoje com alegria, com fé, em alto-astral, curtindo cada momento prazerosamente.

35

VAMOS, LEVANTE A CABEÇA!

Tem gente que levanta a cabeça só para se pentear. De resto, passa a vida toda de cabeça baixa, olhando para o chão monótono de cada dia, sem ânimo, sem energia, sem fé e sem esperança para coisa nenhuma.

Esta atitude é altamente prejudicial sob todos os pontos de vista.

Prejudicial à saúde mental – porque a frieza interior e o desânimo levam à depressão; prejudicial à saúde física – porque a depressão abate as forças e desarmoniza o funcionamento geral do organismo; prejudicial à sociedade – porque se torna um peso morto; prejudicial à família – porque sobrecarrega os familiares de preocupações.

Pare de ser esponja que absorve tudo o que se fala e se noticia de negativo por aí.

A vida é sua e é você que a faz. Faça-a maravilhosa.

Deixe que o sol da alegria brilhe na sua mente e na sua vida.

Não concorde interiormente com os acontecimentos

negativos da situação nacional, mas continue acreditando que há milhões de pessoas boas como você, que pensam positivamente como você, que fazem o bem como você.

Por não ser conivente com o mal, não fique sentado à beira do caminho, chorando as desgraças do mundo. Levante a sua bandeira bem alto e faça a sua parte.

Por não poder fazer o ótimo, não deixe de fazer o bom.

Lembre-se que não é o problema dos outros que faz o seu malogro, mas é a sua mente negativa que o afunda.

Por mais que se multipliquem os noticiários deprimentes, acredite que você é o único autor da sua vida.

Nem um milhão de mentiras somadas farão uma verdade; nem um milhão de caminhos errados levarão ao verdadeiro caminho; nem um milhão de furtos farão uma riqueza.

Graças a Deus, o caminho positivo da saúde, da alegria, da riqueza, da felicidade, do sucesso é o mais simples, mais curto, mais agradável e o único que traz resultados benéficos.

Não passe o tempo todo gritando contra o mundo, pois o seu grito impedirá você de ouvir os pássaros e as estrelas.

Amanheça, a cada dia, com o sorriso nos lábios, agradecendo o milagre da vida.

Curta este momento da existência, porque nele está a sua felicidade, a sua paz, o seu sucesso e o elo mais firme que o ligará ao depois.

Levante a cabeça, conscientize-se da sua grandeza superior, e siga em frente com o porte do vencedor, porque a vida agora está abrindo as portas para você.

36

SEMPRE TEM UM LADO BOM

Não faz muito, anotei este texto de Robert Hillyer:

"Quantas vezes pretendemos fazer uma coisa e acabamos fazendo outra! Há uma anedota na Antologia Grega sobre um homem que inventou um fogão que não funcionava, mas que era excelente para esfriar o vinho no verão. Colombo procurava a Índia e descobriu a América. Já há até um provérbio a esse respeito: Atirou no que viu, matou o que não viu.

O mesmo acontece com animadora frequência na vida de todo dia. Ora perdemos um emprego que, se não o tivéssemos perdido, nos teria impedido de conseguir outro melhor. O livro que trazemos, por equívoco, da biblioteca, abre para nós um novo campo de interesse. Conheço um universitário que entrou por engano numa sala de aula e ficou tão interessado pelo assunto em debate que começou a estudá-lo e fez dele a sua carreira. Nem é preciso dizer que, sendo assim distraído, ele se tornou um professor famoso.

O desapontamento nos afligiria muito menos se nos

lembrássemos de que metade das coisas que vão mal nos surpreende acabando bem".

Certo dia, um senhor escreveu-me em desespero, porque ia ser despejado de um hotel, onde vivia há muitos anos. Respondi-lhe que, longe de ser motivo de sofrimento, nesse episódio estava a sua solução, já que somente agora, em vista desta situação emergencial, ele iria pensar numa residência própria. A partir desse momento, sua mente concentraria força e poder no seu desejo imediato: ter casa própria. E foi o que aconteceu. É claro que, se não tivesse ocorrido o despejo, seria muito pouco provável que fosse interessar-se pela compra de uma moradia.

Conheci, também, a história de um homem de idade que foi despedido do emprego exatamente por esse motivo. Acertadas as contas, saiu ele pela rua a fora em busca de uma charutaria a fim de fumar, num canto de praça, o seu charuto da nova vida desempregada. Andou, andou, e não conseguiu encontrar um quiosque sequer que vendesse este tipo de produto. Teve um estalo: "Vou colocar por aqui um stand de venda de cigarros, charutos e outras coisas de interesse imediato dos transeuntes". Foi o que fez. Tornou-se, com o tempo, dono de uma famosa rede de charutaria. Teria ele sido rico e bem-sucedido se não fosse despedido do emprego?

Muita gente, ao invés de pensar na própria potencialidade, ou no cabedal imenso de experiências, de conhecimentos e de cultura, acumulados ao longo de tantos anos, fica sentada à beira do caminho, chorando a sua desgraça e criticando o mundo e a sociedade.

O sol nasceu para todos.

Em cada ser humano existe a potencialidade do gênio.

Se jogarem uma pedra no seu caminho, aproveite-a para a construção da sua casa.

Nunca subestime sua capacidade.

No outro dia, fui entrevistado pela Rádio Globo, de Recife e, entre as perguntas formuladas, uma referia-se à superação do fracasso. Respondi que o fracasso nada mais é do que o recuo necessário para acertar o caminho. Não existe, portanto, o fracasso; o que acontece, para os inteligentes, é a compreensão de que devem acertar melhor a meta e os meios para alcançá-la.

Ao invés de chorar a desgraça, a pessoa deve agradecer o que aconteceu, porque, a partir desse ponto, terá a possibilidade de alvejar em cheio o objetivo, servindo-se da proveitosa lição colhida anteriormente.

Seja sempre positivo e acredite que dentro de si está a solução. O resto é só detalhes – como diz aquela piada.

Lembre-se que a vida é curta demais para se perder tempo em lamúrias.

Levante a cabeça, determine sua meta, pense positivamente e acredite que tudo estará conduzindo você aos melhores resultados da sua vida.

37

OS QUATRO FUNDAMENTOS DA SAÚDE PERFEITA

Não são poucos os que pensam que a doença desaba na pessoa com a fulminância de um raio: ontem estavam em perfeita saúde e hoje amanheceram doentes.

Não é bem assim.

A doença leva muito tempo para se estabelecer no corpo humano. A explosão pode ser repentina, assim como um enfarte, um derrame, uma úlcera, um câncer, mas esta situação foi a gota d'água que faltava para a manifestação ostensiva do mal.

Com a doença acontece mais ou menos como diz aquele famoso ditado: Água mole em pedra dura tanto dá até que fura.

Hábitos nocivos vão agredindo alguma parte do organismo durante anos e anos, até que não há mais resistência. A ruptura é a manifestação declarada da doença.

A atitude inteligente está em evitar a causa da doença.

Eu sempre coloco quatro fundamentos para que aconteça a saúde perfeita: mente positiva, exercício físico, sol e, ainda, uma dieta alimentar saudável.

Como há interação perfeita entre a mente e o corpo, fica claro que a mente positiva produz um corpo saudável.

É a confirmação daquele velho ditado latino: Mens sana in córpore sano. Uma mente sadia produz um corpo sadio.

Hoje está mais do que comprovada a ação da mente sobre o corpo.

Mente negativa, preocupada, irritada, deprimida, desesperançada, angustiada, desgostosa, contrariada, medrosa, triste, abatida, atua maleficamente sobre o corpo, enfraquecendo o sistema imunológico e causando doenças.

Mente positiva, alegre, feliz, animada, confiante, entusiasmada, calma, agradável, age beneficamente no corpo, produzindo saúde e harmonia.

O Dr. John Schindler, no seu livro "Como Viver 365 Dias Por Ano", escreveu o seguinte: "Não se esqueçam de que as boas emoções têm dois efeitos gerais. Primeiro, substituem as más emoções que estavam produzindo perniciosa tensão; segundo, produzem determinados efeitos na pituitária, estabelecendo ótimo equilíbrio na função endócrina. É este adequado equilíbrio que proporciona o estado no qual os seres humanos exclamam: "Olé! Como estou me sentindo bem!" Contudo, o primeiro efeito, que é o de substituição das más emoções e da consequente tensão prejudicial, é igualmente importante".

Mantenha, portanto, sempre sua mente em estado positivo, enchendo-a de alegria, bem-estar e satisfações interiores. Tenha muita fé em você e na vida.

O exercício físico, feito diariamente sob qualquer forma, principalmente o caminhar, é também muito importante.

O sol é energia benéfica, que atua saudavelmente no corpo. Claro, não se trata de torrar-se ao sol.

Por fim, uma dieta saudável é indispensável.

Com esses quatro elementos, sua saúde será invejável.

38

REALIZE SEUS SONHOS

Não há criatura humana que não alimente grandes sonhos na vida. Mesmo imersa no submundo da desgraça, toda pessoa guarda ideais grandiosos. Muitas vezes, esses projetos de vida estão fechados no porão dos impossíveis, mas continuam existindo no fundo da mente.

Quando alguém forma um desejo na mente, fez o mais difícil, pois criou algo do nada. A materialização se impõe por si mesma.

Assim como toda causa produz seu efeito; como toda substância busca sua forma; como toda essência exige sua expressão; pela mesma razão, todo pensamento busca sua materialização.

"O pensamento – escreveu U.S. Andersen – faz a forma; o pensamento faz as coisas".

Joseph Murphy, autor de mais de trinta livros sobre o Poder da Mente, escreveu que o "desejo é o impulso da vida, que existe dentro de você, sempre a lembrá-lo de que há um vazio na sua vida que é preciso preencher".

Você não somente pode realizar seus desejos, como deve, porque se não os realizar, ninguém o fará por você.

Desejo é impulso da sua vida, portanto pertence a você concretizá-lo.

Antes de tudo, acredite que os seus ideais e projetos são realizáveis. No entanto, jamais você conseguirá aquilo que pensa que nunca conseguirá e somente obterá o que pensa que vai alcançar.

Quem pensa que pode – pode.

Quem pensa que não pode – não pode.

Para onde você dirigir seus pensamentos, para lá se dirigirá a sua vida.

Não só crie grandes sonhos e projetos, como acredite na realização dos mesmos. Dessa maneira, você abrirá os canais da Sabedoria interior para que encontre os meios adequados e do Poder Infinito para que os realize.

Não fique parado na esquina da vida, como inválido mental.

Reconheça a sua dimensão superior, reacenda os seus sonhos, tenha fé na realização dos mesmos e siga em frente com alegria, porque assim é e assim será.

39

DESAMARRE-SE

Nada amarra mais uma pessoa que o medo, o desânimo e a depressão.

Muita gente, marcada por insucesso, ou por grande prejuízo, ou por inominável injustiça, ou por uma paulada fatal do Fisco, se deixa abater, caindo pesadamente sobre a poltrona, sem vontade para mais nada.

Essas pessoas parecem amarradas por cabos invisíveis. Não levantam, não ligam o motor mental, não se decidem a recomeçar tudo de novo.

Dominados por uma apatia desagregadora, acabam na bebida, ou nas drogas psiquiátricas, ou ficam doentes, afundando nos dois metros quadrados da cama.

É preciso urgentemente que surja uma força capaz de arrancá-los dessa situação desoladora.

A força existe, está dentro de cada um, só que muitas vezes sufocada ou desconhecida.

Em última análise, é aquela Força que move montanhas, cura as doenças, realiza milagres, tudo alcança e torna possível o impossível, como sabiamente ensinava o Mestre Jesus, há dois mil anos.

Hoje, a ciência do Poder da Mente confirma a veracidade das palavras de Jesus, assinalando que no íntimo humano há um Poder irresistível, capaz de resolver problemas, solucionar impasses e transformar os fracassos em sucessos ilimitados.

Anime-se, que não há barreiras que possam impedir você de caminhar para frente, na direção do seus desejos maiores.

Se houve fracassos, sofrimentos, prejuízos, desgraças, perdas – isto já é passado.

Agora sacuda a poeira, acredite na sua capacidade e saiba que a vida está esperando por você.

Marque encontro com o sucesso e a prosperidade. Agora mesmo.

Pare de se queixar. É perda de tempo e de energias.

Antes de tudo, aproveite esses momentos em que está aí deitado, ou estirado no sofá, para determinar o que é que quer de si e da vida.

Responda de maneira clara, concreta, definida, simples, sem rodeios: o que é que eu quero?

O filósofo e poeta romano Sêneca, que viveu do ano 4 antes de Cristo até 65 depois de Cristo, disse, certa vez: “Se o homem não sabe a que porto se dirige, nenhum vento lhe será favorável”.

Com essa imagem, ele dá a entender que é necessário, antes de tudo, que a pessoa saiba o que quer. Ao criar na mente o desejo, remeteu uma ordem clara e definitiva para que o subconsciente execute.

O princípio de ação da mente subconsciente é o seguinte: Tudo o que o subconsciente aceita como verdade, executa. Move céus e terras para tornar realidade física.

Para ter uma casa, por exemplo, crie a casa ou o apartamento na sua mente e assim estará acionando energias superiores para a concretização dessa imagem.

O mundo material não é nada mais do que a materialização do mundo mental.

U. S. Andersen, em seu livro "O Poder da Energia Mental", escreveu: "Qualquer imagem formada em nossa mente se concretiza no mundo material. É algo que não podemos evitar".

Numa outra ocasião, o mesmo autor declara: "Todas as coisas chegam até nós de acordo com a imagem que formamos em nossa mente".

Portanto, nada de medos, de desânimo e de depressão: Crie suas metas, arregace as mangas, dê o primeiro passo, e todas as Forças virão em seu auxílio.

40

O QUE SE PLANTA, SE COLHE

Mal o sol começara a despontar, quando se encontraram dois amigos, numa esquina qualquer da vida.

- Como vai? – perguntou Pedro.

- Cada vez pior – respondeu João.

- Que acha desse tempo?

- Não dá para aguentar.

- Que me diz da situação política?

- Está mais para urubu do que para colibri.

- E os preços?

- Uma roubalheira.

- E a vida, como é que anda?

- Uma desgraça – lamentou João, secamente.

Pedro tentou temperar a acidez do amigo:

- Nem tanto.

- Nem tanto para você, que não chegou à minha idade. Meu carro é um exemplo da vida que eu levo.

- O que é que tem a ver o seu carro com você? – estranhou o amigo.

- Tem. Ambos bebemos demais, expelimos fumaça e temos dificuldade em começar a trabalhar de manhã cedo, com esse frio de cortar as orelhas.

- Não vai me dizer que tudo anda mal – emendou Pedro, procurando melhorar o diálogo.

- De fato, nem tudo anda mal. Muita coisa já está pior.

- Você é muito negativo – censurou-o Pedro.

- Negativo eu? Nunca fui tão positivo.

- Você vê tudo errado. Não há alguma coisa certa para você?

- Há sim senhor.

- O quê?

- Minha ideia sobre as coisas.

- Noto que você está muito deprimido. O que aconteceu?

- Se lhe contar, você não acredita.

- Por que não hei de acreditar?

- Você não ia acreditar, por isso não conto.

- Acredito. Juro que acredito.

- Estou assim porque trabalhei demais.

- Não acredito!

- Viu?

- É que você trabalha devagar, anda devagar, pensa devagar, age devagar. Diga-me: tem alguma coisa que você faz depressa?

- Tem. Canso-me depressa.

- Mas, meu amigo – tentou ajudá-lo Pedro – o trabalho adoça a vida.

- Eu sei. Mas sou diabético e o médico me proibiu todo tipo de doce.

- Por que você detesta a vida?

- Porque a vida é uma cebola que se descasca chorando.

- As coisas nunca vão bem para você? – indagou, intrigado, Pedro.

- Nunca, porque depois da bonança sempre vem a tempestade.

E a conversa continuou se arrastando pelos meandros do amargor e do pessimismo.

Muita gente passa o dia resmungando contra tudo e contra todos e depois se queixa que nada dá certo.

É preciso compreender que o ser humano é resultado dos seus pensamentos.

Somente convivendo com pensamentos otimistas, alegres, positivos, agradáveis e exitosos é que alcançará uma vida alegre, positiva, agradável e bem-sucedida.

Você é o que pensa.

Se pensa positivamente, os resultados serão positivos.

Se pensa negativamente, sua vida será negativa.

Busque a explicação da sua vida dentro de si.

E mude para melhor.

41

O COMPRADOR DE GENTE

Um homem caminhava calmamente por entre uma turma de mendigos.

Todos apregoavam sua miséria e pediam esmola.

O homem estancou diante de um miserável, que lhe barrou a frente, implorando:

- Uma esmola, senhor, que nada possuo.

O homem procurou negociar:

- Venda-me os seus pulmões por dez milhões de dólares.

- De jeito nenhum, senhor! – exclamou o mendigo. – Se eu tiro os pulmões, morro.

- Então me venda o coração por vinte milhões de dólares.

O desgraçado deu um salto para trás:

- O senhor está louco? Sem coração também não posso viver.

O homem insistiu:

- Pois então compro o braço direito por um milhão de

dólares.

- Não vendo. Que ideia maluca!

- Ao menos me venda o braço esquerdo, por quinhentos mil.

- Você está doido, cara.

O homem chegou ao ouvido do esmolambado e cochichou:

- Tenho uma ótima proposta: Compro seu fígado, mais os rins e o estômago por quarenta milhões. Veja bem: quarenta milhões.

- E aí, como é que eu fico? – apavorou-se o esmoleiro.

O homem sorriu:

- Está bem. Vou propor-lhe um negócio bem simples de se realizar. Compro todo o seu sangue por oito milhões. Vamos, isto é fácil. É só tirar.

O pedinte arregalou os olhos e rebateu:

- E depois? Vou botar água nas veias? O senhor tem cada ideia! Essa está mais pra vampiro do que pra urubu.

- Olha – tentou novamente o homem – vou deixar você rico: Compro agora mesmo as suas pernas, mais os intestinos, o baço e o pâncreas por cem milhões.

- Você é um idiota – xingou o maltrapilho. – Vira essa boca para outro lado. Vá andando, que os outros já foram!

- Espera aí – acalmou-o o homem. – Minha última proposta, simplesmente irrecusável: Pago quinhentos milhões pela sua cabeça inteirinha. Assim, do jeito que está: sujinha, despenteada, sem dentes, ignorante, preguiçosa e tudo o mais. Você não faz nada mesmo com a cabeça. Aqui, ó: Quinhentos milhões, uma em cima da outra! Na bucha!

- Oh cara! – berrou o vagabundo. – Nem por todo o

ouro do mundo. Deixe de ser besta. O senhor acha que eu posso ser que nem a mula sem cabeça? Eu só quero um dinheirinho, uma ajuda pra esse miserável.

- Miserável?! – exclamou o homem. – Miserável você?! Com seiscentos e setenta e nove milhões de dólares e mais todo o ouro do mundo você se acha miserável?!

Deu um clique na cabeça do esmoleiro, que saiu correndo a gritar:

- Eu sou milionário! Sou um milionário!

Você – que está me lendo – é tudo isso e muito mais, a julgar pelos demais órgãos e pelo mundo fantástico e poderoso que existe na sua mente.

Valorize-se e reconheça a dimensão incomensurável do seu ser.

42

VOCÊ É O PRESIDENTE DA SUA REPÚBLICA

Elejo-o, neste momento, Presidente da sua própria República, um território imenso, do tamanho do seu microcosmo.

Vista a faixa de supremo mandatário, tome posse e comece a governar com fé, otimismo e entusiasmo.

Você tem tudo para vencer e realizar ótimo governo.

Vá em frente, com o porte ereto, os olhos fixos no seu progresso e a mente firmada na sua capacidade, criatividade e dinamismo.

Seu lema é: Vencer ou vencer.

Sei que você tem fé inquebrantável e, por isso, nada mais o deterá na sua arrancada para levar o seu país ao primeiro mundo da vida.

Sua bandeira está desfraldada, com o lema: "Otimismo e Realização".

Seu otimismo dá-lhe a certeza de que todas as metas serão alcançadas.

Não dê ouvidos às aves de mau agouro e aos pessimistas, que só sabem ficar sentados à beira do caminho a reclamar da má sorte, do azar e da falta de oportunidades. Nem mesmo erga os punhos contra os que pensam que podem barrar o seu caminho, porque estes não existem. O seu caminho é SEU caminho e a sua Força interior, aliada à fé todo-poderosa, romperá as barreiras e o levará aonde você quer chegar.

Você tem dentro de si a Fonte de tudo; portanto, a realização não é nada mais do que o efeito da sua própria causa mental.

Realiza quem pensa que realiza.

Sempre chega aonde quiser quem pensa que lá chegará.

Sucesso é estado mental. Para quem conhece esta verdade, não existe o impossível e nem o longe.

Não há o que temer. Você tudo pode.

As grandes realizações são devidas a homens que souberam pensar grande.

Você é grande porque pensa grande.

Acredite em si. Engate a mente na sua boa estrela e reconheça que a sua luz interior o conduzirá sempre para cima e para frente.

A vida é dos ousados. Como você.

Lembre sempre a sua dimensão superior e toque, com a mente, o seu infinito poder criador e realizador.

Aceite com serenidade a oposição, já que pode, eventualmente, ajudá-lo a acertar melhor o caminho.

Vá em frente, que o sucesso o acolhe de braços abertos.

Você é o heroico e todo-poderoso Presidente de si

mesmo. Não espere pelos outros. A você compete criar os seus projetos e dar-lhes andamento, com a fé de que assim é e assim será.

O seu sucesso trará o aplauso do mundo.

E no dia em que lhe for retirada a faixa presidencial e lhe colocarem a faixa "Descanse em Paz", você estará realmente em paz, descansado e feliz, pois cumpriu, à maravilha, sua grande missão neste planeta.

43

NÃO SEJA AMARGO COMO CAFÉ VELHO

Num velho restaurante havia o seguinte lembrete: "Se você achar que o café é velho e amargo, lembre-se que um dia você também ficará assim".

Sem dúvida, uma mensagem por demais pessimista e amarga como café velho e sem açúcar.

Você não ficará velho e nem amargo, porque juventude é estado de espírito.

Veja o que escrevi no meu livro "Sabedoria de Cada Dia":

"Juventude não é determinado período da vida: é estado de espírito e, como tal, pode vivificar o seu ser por três anos ou por oitenta anos.

Ser jovem é amar a vida, desbravar caminhos desconhecidos para atingir o objetivo, acreditar em si e no mundo, ser impelido por uma fé poderosa, cair e levantar com o mesmo ímpeto, sonhar com um mundo cada vez melhor, curtir os arroubos de uma imaginação poderosa, admirar todas as formas de manifestação da vida, sonhar e acreditar nos seus sonhos dourados. Ser jovem é ter uma bandeira no coração e a mente incendiada por um ideal. Ser jovem é erguer os braços e gritar: "Querer é poder".

Mantenha a jovialidade de espírito e a doçura no coração.

Acorde de manhã cedo com a mente alegre e a vontade de fazer algo de bom.

Acredite que o mundo está cada vez melhor e caminhe pela estrada da vida com passos firmes e ousados. Então sim você será como o café dos melhores bares: quente e forte.

O declínio da vida e da esperança não é uma fatalidade, mas apenas o resultado de mentes negativas e desiludidas.

Sua vida, com o passar dos anos, tornar-se-á sempre mais jovem e mais ativa, porque, graças à experiência, agora você sabe viver.

Se você já somou algumas dezenas de anos no seu calendário, alegre-se, pois é mais do que os outros que ainda estão no início do caminho.

O mundo espera muito da sua sabedoria e dos seus conhecimentos.

Imagine quanto pode ser útil aos filhos, aos netos, aos amigos, à comunidade.

Nada de enfiar o pijama e sentar-se numa cadeira de balanço. Levante-se e siga em frente, porque a vida tem muitas alegrias a lhe oferecer.

A cada amanhecer, abra o coração para receber o sol vital e você se sentirá cada dia mais jovem.

44

O MUNDO COMEÇA POR VOCÊ

Parabéns a você que vai em frente, apesar de tudo.

Se ampliou a sua empresa, se colocou mais um tijolo na sua casa, se adquiriu mais um utensílio para o seu lar, se tem roupa nova, se aumentou de um livro a sua biblioteca, se está ganhando mais, a glória é somente sua.

Alegre-se, que você é muito capacitado e pra frente.

Continue assim.

Não espere pelos outros.

Faça o seu caminho, confiando em si, acreditando na força propulsora do seu trabalho, com pensamento positivo e com a certeza de que colherá o que plantar.

A vida é você. O progresso é você. O sucesso é você. A riqueza é você.

No outro dia, estava lendo o livro "A Chave da Felicidade", de Harold Sherman, e, lá pelas tantas, escreveu ele: "Assim, ocupe-se de si mesmo. Saiba que é a pessoa pela qual é inteiramente responsável. Seu mundo e sua vida só podem ser melhores se assim os fizer. Cuidando do seu progresso, influenciará os que o rodeiam. Mantenha a ideia de que veio ao mundo com um objetivo a alcançar. Não pode encontrar esse verdadeiro objetivo enquanto não afastar seus ódios e seus sentimentos amargos".

Se você passar o dia deprimido porque há recessão, paralisado porque os negócios decaíram, lembre-se que mantendo a vida entrevada jamais mudará a sua situação. Comece a fazer alguma coisa desde agora e já deu o primeiro passo para reverter o quadro.

Não pare e nem desanime, que o caminho se faz caminhando.

Tudo o que você é e tudo o que você tem – é mérito seu. Somente seu. Pois, então, siga em frente com entusiasmo e fé.

Se pôde o menos, poderá o mais.

Acredite na pátria, no país, no mundo, na humanidade, em Deus, na felicidade, na riqueza, no sucesso, mas antes de tudo acredite em si.

Para você, o mundo começa por você e termina em você.

Seja você o mais lindo, próspero e iluminado dos mundos.

45

HÁ UM GENERAL DE GAULLE NA SUA CABEÇA

Depois da primeira guerra mundial, os franceses mandaram construir uma parede de aço, concreto e arame farpado, diante da fronteira alemã, com a finalidade de defender o país contra um possível ataque da Alemanha. Esta linha de defesa chamou-se Linha Maginot.

O General Charles De Gaulle observou que o exército francês estava cometendo um erro: imaginar que uma segunda guerra mundial seria travada nos mesmos moldes que a primeira. E avisou os líderes militares que, na próxima guerra, a Linha Maginot seria inútil, pois a Alemanha atacaria a frança pela Bélgica.

De Gaulle escreveu um livro dizendo que as próximas guerras seriam decididas pela velocidade dos motores a gasolina, que acionariam carros blindados, tanques e aeroplanos a uma velocidade até então inimaginável.

Acontece que os militares franceses receberam as ideias de De Gaulle com desprezo, a tal ponto que o General Petain declarou a obra de De Gaulle como um livro de piadas. O General Weigand criticou De Gaulle, perguntando onde conseguiriam organizar dez divisões motorizadas e onde encontrariam tantas fábricas para construir tantos tanques? E indagava como esses tanques seriam abastecidos nos campos de batalha. E como lutariam nas matas e na lama.

Para os franceses, o livro do General De Gaulle era fantasia, idiotice e até mesmo pernicioso ao país. Mas, não para os alemães. Leram o livro do General, estudaram-no e o colocaram em prática. Segundo consta, De Gaulle ensinara aos nazistas a respeito da guerra mecanizada. As divisões Panzer nasceram dessa ideia e o resultado foi que, em quarenta e um dias, cem mil alemães, com tanques e aviões, derrotaram um exército francês de cinco milhões de homens.

Mas, afinal, por que estou eu contando este episódio, que já se perde nos anais da História?

Para mostrar a você – que tem acentuada tendência a se prender a uma estrutura do passado – que é bom prestar atenção quando surgem ideias novas, descobertas revolucionárias, invenções aparentemente impossíveis. Não seja irredutível e hermético a toda ideia nova trazida ao mundo. Também não estou dizendo que seja maria-vai-com-as-outras. A melhor atitude é fazer como fizeram os alemães: ler, estudar, analisar e, se plausível, tentar pôr em prática. Diante de resultados favoráveis, seguir por esse caminho, procurando aperfeiçoar cada vez mais.

Conheço pessoas que, em face de qualquer inovação, já se posicionam contra. Esta é uma atitude irracional, radical, fanática.

Siga você os caminhos da vida com bom senso, com

espírito crítico, mas aberto.

Assim, você se beneficiará dos avanços do mundo e caminhará na crista da humanidade, utilizando-se de tudo o que de bom for criado, inventado ou descoberto.

Lembre-se: Um dia os cientistas diziam que era impossível chegar à lua. Mas, foi graças à capacidade de mudar de ideia que o conseguiram. Mude sempre para melhor.

Seja otimista.

46

PARA ONDE VÃO OS DIAS

Estavam reunidos na área da frente da casa. Os pardais faziam imenso alarido. Não se sabia se executavam uma sinfonia explosiva ou se estavam metidos numa conversaria barulhenta de fim de tarde.

- Mais um dia que se foi! – exclamou de repente dona Maria, uma bela senhora elegante, vivendo a plena maturidade da vida.

O garoto, que estava brincando lá no canto da casa, voltou-se subitamente para a mãe e perguntou:

- Mãe, para onde vão os dias?

- Para onde vão? – repetiu, meio sem jeito, dona Maria.

- Sim – tornou o menino – a senhora disse mais um dia que se foi; se foi para onde?

Os outros, que estavam sentados em torno, apreciavam, surpresos, um diálogo que nunca lhes passara pela cabeça.

O garoto continuou a brincar, pouco ligando para a

sua pergunta. Perguntara por perguntar. É o que acontece, não raro, quando uma criança pega a conversa pelo rabo e lasca uma pergunta imprevisível.

Certo dia, a mãe passou uma carraspana no Andrezinho, que queria pegar a maior fatia do bolo:

- Meu filho, os meninos bem-educados não escolhem os melhores pedaços!

- Ah, é? – retrucou o pequeno. – Os melhores pedaços ficam para os mal-educados?

- E aí, mãe – voltou a perguntar Luiza, a filha mais velha – para onde é que vão os dias?

- Vão embora – safou-se a dona Maria.

- É uma linguagem figurada – comentou o pai.

- E se existisse realmente um lugar onde fossem depositados os dias? – filosofou o Artur, do alto dos seus vinte e dois anos. – Aí a gente poderia, quando quisesse, visitar qualquer dia, por exemplo o dia dois de outubro de 1988. Seria legal. Chocante!

- Pois existe esse lugar – proclamou a Giselda, jovem estudiosa da mente.

- Existe?! – riram todos.

- Pode informar-me onde é que fica? – ridicularizou o Artur.

- Olha – falou sério a jovem – o seu dia vai para um lugar e o meu dia vai para outro lugar. Antes que você me pergunte novamente, já vou explicar. Cada pessoa tem o depósito dos seus dias e dos seus anos. Os dias da sua vida foram para dentro de você e estão aí depositados integralmente.

Basta você buscar no seu subconsciente, por exemplo

o dia oito de janeiro de 1979 e você o encontrará inteirinho. Você tem dentro de si o livro completo da sua vida e, se abrir as portas do seu subconsciente, poderá lê-lo literalmente. Mas, isso não quer dizer que todas as suas vivências passadas estejam atropelando a sua mente. Livro é livro. Imagem é imagem. Depósito é depósito. Os seus dias fizeram a soma das suas experiências e o cabedal dos seus conhecimentos. Mas só terá ação e reação na sua vida o passado que ainda estiver ligado. Acontecimentos da sua vida que ficaram ligados, ainda hoje exercem influência no seu modo de ser. Se você substituir, por exemplo, um acontecimento traumático por uma nova programação agradável e benéfica, aquele trauma irá para o arquivo morto e esta nova programação passará a atuar na sua mente.

- Neste caso – comentou dona Maria – não importam as desgraças do passado. É preciso mentalizar a qualidade desejada e esta substituirá a programação anterior. Assim, logicamente, uma pessoa é infeliz até o dia em que se torna feliz.

Para tornar-se feliz, basta criar a felicidade na mente. Como toda criação mental unívoca aciona o poder do subconsciente, este a executa, surgindo, como consequência, uma nova realidade na vida dessa pessoa.

- Portanto – sentenciou dona Maria – toda hora é hora de ser feliz.

47

O FUTURO SEJA VOCÊ

Albert Einstein, famoso cientista, o homem da teoria da relatividade, colocou esta mensagem para uma cápsula de tempo:

"Querida Posteridade, se você não se tornou mais justa, mais pacífica e, no geral, mais racional do que todos nós somos, ou fomos – ora, então vá para o diabo".

Fique tranquilo, querido sábio Einstein, porque a humanidade do futuro será, sem dúvida nenhuma, muito mais justa, mais evoluída, mais pacífica, mais rica e mais fraternal do que a humanidade de nossos dias.

Não é que eu esteja apenas torcendo para que tal ocorra: eu tenho certeza.

Tenho certeza porque essa nova era que está nascendo dedicar-se-á, acima de tudo, a descobrir e conquistar o microcosmo.

O que é microcosmo?

Microcosmo é toda a dimensão interior do ser humano. É o universo da mente, o mundo fantástico do espírito humano. Trata-se do incomensurável mundo que abrange o humano, o mental, o espiritual e o divino da pessoa.

Muito embora toda gente (ou quase toda) diga que é filha de Deus, imagem e semelhança divina – raros são os que assumem esta verdade.

Uma legião incontável de pessoas pouco ou nada sabem de si mesmas, vivendo no submundo da miserabilidade, que beira as raias do irracional.

Por outro lado, vê-se o avanço do homem no que se refere às descobertas, invenções e conquistas do seu mundo exterior.

Na conquista do macrocosmo, (mundo exterior), o homem realizou feitos notáveis.

Einstein, porém, referia-se à conquista do microcosmo.

Nesse ponto, o atraso humano é de doer.

Tentar resolver a vida através de ódios, assaltos, injustiças, vinganças, roubos, explorações, prepotência, guerras, irracionalidades, é dar provas de ignorância e primitivismo.

Quais são os sinais que indicam evolução para um mundo melhor, mais inteligente e mais adiantado? – São todos os que revelam a grandeza, as potencialidades, os dons, as forças, a capacidade, a sabedoria, o poder e a elevação do ser humano em si mesmo.

O caminho do futuro infalivelmente conduzirá ao âmago do indivíduo, clarificando nele o conhecimento das Leis universais invioláveis, do poder imanente, da sabedoria interior.

À medida que a pessoa descobre a sua verdadeira

dimensão, mais desligar-se-á de suportes e bengalas externas, como paternalismo, socialismo, comunismo, sindicatos, associações filantrópicas e outras organizações e formas de vida que classificam o homem como ser dependente e incapaz.

Quanto mais fortes se manifestarem, num país, estruturas que dominam a vida do cidadão, mais atrasado e menos evoluído é este país.

Lembro aqui uma sábia afirmação de Confúcio: "O homem superior busca em si mesmo tudo o que quer; o homem inferior o busca nos demais".

Só para dar um exemplo mais próximo de nós: O homem do futuro (tomara que este futuro chegue logo) será livre para abrir a sua loja no dia e no horário que quiser, sabendo como atender os interesses sociais e como ser justo com seus empregados.

Para terminar, faço minhas as palavras de Steven Wright: "Acho que Deus vai descer aqui embaixo e torcer para que a civilização se apresse".

48

A GRANDE ARRANCADA

Muitos não sabem o que fazer da vida. Parece-lhes um apêndice desagradável. Há os que acordam de manhã, se mexem porque os outros se mexem, tomam café porque os demais o fazem, saem à rua porque é ritual comum dos mortais, chegam ao local do trabalho com cara de funeral. E, ao fim do dia, se apalpam para ver se ainda estão vivos. E, se estão, lamentam essa desgraça. A vida está aí oferecendo maravilhas, eles apenas tiram fotos e vão embora, sem um milímetro de emoção.

Motivos prazerosos capazes de dourar as horas de cada dia há aos montes. Eles não enxergam. Não estão nem aí – como diz aquela canção. São os chatos que veem a vida chata. Mas a vida oferece mil momentos prazerosos por dia, basta reciclar os olhos.

Vamos dar um pequeno vistaço sobre algumas coisas que têm o condão de melhorar o astral e produzir endorfina, o famoso hormônio do prazer, do bem-estar e dos sentimentos felizes.

Poderíamos começar pelo sexo. Na verdade, além de excelente antiestressor e antidepressor, levanta imediatamente o astral, melhora a saúde, emagrece, e libera endorfina e oxitocina.

Está bem, corta essa - poderá alguém dizer.

Então, torça por um time de futebol. É gostoso, gera expectativas, anima o dia, alimenta conversas e também produz endorfina.

Você não é de futebol? Então, pense em outros esportes, como caminhadas, escaladas, praias, natação, dança, coisas assim.

Vamos adiante. Acredita que ter um animalzinho de estimação também é fonte de prazer e alegria? Pois, é. Experimente.

Leitura de livro que mexa com seus sentimentos positivos e afetos benfazejos é algo que o ajuda a se dar bem com a vida. Uma revista também pode ocupar agradavelmente o seu tempo e recuperar o ânimo.

Uma boa conversa, com amigos e amigas de risonha empatia, ao sabor de um vinho especial, quem sabe até com um peixe na brasa, ou churrasco no espeto, vai dizer que não é argumento de bem-viver?

E uma comédia, ou um filme épico ou de romantismo delicioso, não é de desprezar.

Uma coisa que pode produzir endorfina – o hormônio do prazer e da felicidade – é música de melodia deliciosa e alegre.

Outras dicas? Caminhe ao sol, faça uma poesia, ameace escrever um livro, mude a posição dos móveis da casa, veja programas televisivos de aventuras, turismo, descobertas, biografias. Mexa-se.

Mais uma sugestão: acredite em Deus, isso ajuda a clarear a vida e dá sentido à sua trajetória humana. Saber que tem junto de si, ainda que invisível, um Amigo poderoso, confiável e tolerante, é uma boa pedida.

Nada serviu? Você é duro na queda?

Se nada o moveu a nada, ria da sua seriedade e faça troça do seu mau humor. Olhe-se no espelho e dê adeus a essa carranca, que espanta até lobisomem. Puxe uma risada de metro e meio e determine que é a arrancada solene para melhorar o astral.

Não acredite nessa história de que nasceu sério, sempre foi sério e negativo, e não pode mudar. Claro que pode mudar. E deve. A vida é uma festa, entre nela, faça a dança da felicidade, e verá que a mente, o coração, o corpo, o universo, e até Deus, o ajudarão a viver contente consigo mesmo e de bem com o mundo.

Determine que esse é o momento da virada. Proclame sua felicidade e passe a ser otimista até debaixo da água. Não é difícil. Basta dar o primeiro passo com a bravura de um Napoleão Bonaparte. Os demais passos se sucederão por força do primeiro impulso. Toda hora é hora de mudar. E esta é a sua hora de ser otimista e feliz. Com certeza.

Por último, quero lhe oferecer uma boa tirada do comediante americano Ron White: "Eu acredito que se a vida oferece limões, você deve fazer uma limonada com eles. Aproveite também para tentar encontrar alguém a quem a vida ofereça vodca. E faça uma festa".

49

MENTALIZAÇÕES DE OTIMISMO E FELICIDADE

Saber e ser não andam necessariamente de mãos dadas. Há pessoas que sabem muito sobre otimismo e felicidade e, no entanto, vivem distantes dessas duas qualidades.

Você pode saber tudo sobre automóvel e, entretanto, andar a pé.

Saber, porém, é um passo sumamente importante, porque não é possível amar ou querer o que não se conhece.

Até aqui você dedicou-se primordialmente a saber sobre otimismo e felicidade.

Agora é preciso abrir caminho para a prática dessas qualidades.

A ciência do Poder da Mente ensina que a mente tem duas funções ou características fundamentais: Mente consciente e mente subconsciente.

A mente consciente é criadora, racional, analítica, objetiva. Produz os pensamentos, os desejos, as ideias, as palavras, as imagens, os sentimentos, as alegrias, as angústias, as mentalizações, as orações, as fórmulas, os projetos, os ideais, as metas, as coisas boas e as coisas ruins.

A mente subconsciente tem por fim executar o conteúdo dos pensamentos e determinações emanados da mente consciente.

A mente consciente age e a mente subconsciente reage de acordo.

O subconsciente, portanto, é o executivo, o cumpridor das ordens oriundas da mente consciente.

A mente consciente conhece, sabe, proclama, ordena; o subconsciente cumpre.

É indispensável, pois, que seus conhecimentos sobre otimismo e felicidade alcancem o subconsciente para tornarem-se realidade vital.

A fé é o processo infalível que funde numa única unidade o pensamento e a realidade.

Pedi e recebereis – ensinava o Mestre. O pedido acreditado e o recebimento, neste caso, são uma coisa só.

Conhecimento sobre otimismo e felicidade você já os tem.

Desejo de ser otimista e feliz também existe em você.

É necessário, neste momento, que o conhecimento e o desejo tornem-se realidade existencial.

Se lhe falta a fé de que assim é e assim será, utilize algum método que consiga sensibilizar o subconsciente a ponto de fazê-lo aceitar a sua mensagem positiva e otimista como verdade da sua vida.

A imaginação é método muito forte.

A repetição também é método infalível.

A mentalização em nível alfa é ideal para que a sua palavra seja a sua verdade; a sua verdade será sempre a sua realidade.

ANTES DE TUDO, RELAXE

Para que a sua mentalização de otimismo e felicidade alcance as dimensões poderosas da mente subconsciente, contatando com sua divindade e com seu poder interior, nada melhor do que encontrar um ambiente tranquilo, silencioso, onde possa descansar o corpo e a mente.

Se possível, ligue uma música calma, positiva, clássica, ou tipo “à luz da oração”.

Relaxe bem o corpo.

O relaxamento do corpo é importante, por três razões: primeiro, porque torna-o receptivo e sintonizado à mensagem; segundo, porque estabelece condições ideais para a livre ação da mente; terceiro, porque libera as tensões, descongestiona os órgãos, oxigena o sangue, elimina toxinas, otimiza a ação dos aparelhos circulatórios, respiratórios e digestivos.

Na medida em que a pessoa relaxa, a ciclagem cerebral vai baixando até atingir uma média de 14 a 10 ciclos por segundo, ritmo ideal para o exercício do poder da mente. A essas condições ideais dá-se o nome de Nível Alfa.

Chega-se ao Nível Alfa pela oração, ou pela meditação, ou pela contemplação, ou pela paz de espírito, ou pela calma, ou pela concentração, ou pelo relax.

Assim como num rio as agitações da água e as correntezas acontecem na superfície e nas profundezas jaz a calmaria, também pode-se dizer que à medida em que você desce às profundezas da mente estará entrando em contato com a calma, a paz, o positivismo, a saúde, a energia e a sabedoria. Esta é o habitat da verdade e a verdade é atributo divino, o que faz supor que você está na morada de Deus, no secreto onde habita o Pai, como ensinou Jesus. Este é, na linguagem da religião, o templo do Espírito Santo, a região Crística. Segundo o falar leigo, aí você contacta com o Eu Superior, com o Superconsciente, com o Eu Maior, com o Poder e a Sabedoria. Sua palavra, neste estado interior, adquire a força do "faça-se".

MENTALIZAÇÃO DO OTIMISMO

Coloque-se numa posição confortável. Relaxe o corpo. Sinta-se bem. Feche os olhos.

Respire profundamente e, ao exalar o ar, mentalize saúde, saúde, saúde.

Respire profundamente mais uma vez e, ao exalar o ar, mentalize paz, paz, paz.

Respire profundamente e, ao exalar o ar, mentalize amor, amor, amor.

Respire profundamente ainda uma vez e, ao exalar o ar, imagine-se em contato imediato com o Poder Infinito, com o Pai que habita o seu secreto...

Concentre sua atenção no couro cabeludo e relaxe-o. Relaxe a testa; relaxe os olhos; as pálpebras; o rosto; a garganta e o pescoço; os pulmões; o coração; o estômago; o duodeno; o fígado; os rins; o baço; o pâncreas; os intestinos; a coluna vertebral; os quadris; as coxas; os joelhos; as pernas; os pés; as costas; os ombros; os braços; as mãos; as glândulas; os ossos; o sangue; os nervos; os músculos; a pele. Sinta o corpo todo bem solto, leve, flutuante.

Concentre-se na sua mente: jogue fora todos os pensamentos negativos e pessimistas e imagine sua mente límpida como a fonte cristalina das montanhas.

Concentre-se no coração afetivo, sede dos seus sentimentos e emoções, e desligue todos os males e sofrimentos do coração, imaginando-o cheio de amor e felicidade.

Agora imagine-se maravilhosamente bem, em contato com o Poder Interior, e mentalize assim:

"A cada dia eu sou mais e mais otimista.

Crio meus projetos, minhas metas e meus ideais e acredito na realização de todos eles.

Sou confiante em mim mesmo, seguro de mim e muito positivo.

Sei que todos os acontecimentos me conduzem para o melhor.

Acredito que Deus habita o meu íntimo e me guia divinamente.

Sei que tudo o que crio na mente, com fé, acontece, por isto sou sempre positivo.

Sou alegre e despreocupado, porque sei que conduzo a minha vida para aonde eu quiser.

Dificuldades e contratempos não me atingem, porque tenho certeza que a minha fé remove montanhas.

Minha saúde está cada dia melhor e melhor.

A felicidade habita o meu coração.

Sou otimista porque sei que os meus desejos se tornam realidade.

Para mim o amanhã não é nada mais do que o hoje do ontem, daí que sou dono da minha vida. Conduzo os meus passos e sei que sempre chego onde pretendo chegar.

Irradio luz, confiança e otimismo para todas as pessoas.

Minha vida é uma festa.

Sou verdadeiramente otimista, muito otimista.

Assim é agora. E sempre".

Relaxe. Descanse. Sinta-se maravilhosamente bem. Abra os olhos.

MENTALIZAÇÃO DA FELICIDADE

Coloque-se numa posição confortável. Relaxe bem o seu corpo.

Respire profundamente quatro vezes, como no ritual anterior.

Agora, tal como o fez para a mentalização do otimismo, concentre-se em cada parte do corpo e relaxe. Em seguida, concentre-se na mente e no coração afetivo, limpando-os de todo mal e imaginando-os iluminados e positivos.

Faça, a seguir, estas afirmações benéficas de felicidade:

"A cada dia me sinto mais e mais feliz.

Liberto-me definitivamente de todo passado negativo e infeliz.

Sei que felicidade é estado mental e compreendo que somente eu posso fazer a minha felicidade.

Aceito na minha mente apenas mensagens positivas e de felicidade.

Sinto-me maravilhosamente bem comigo mesmo, com a humanidade, com a natureza, com o universo e com

Deus.

Amanheço feliz, passo o dia feliz e abençoo a noite agradável e benfazeja que vou viver.

Sorrio para mim e deixo que o meu sorriso se irradie para todas as pessoas.

Nada me perturba e nada obscurece a minha felicidade: o passado não existe; o presente e o futuro eu os faço felizes.

A alegria é minha companheira inseparável.

Gosto de rir, de brincar, de levar alegria às pessoas.

Sou luz, energia e alegria para os deprimidos.

Sou simpatia, gentileza e bondade para mim e para os outros.

Sei que primeiro eu devo ser alegre, sorridente e feliz, pois só assim poderei transmitir essas vibrações ao próximo.

Eu sou feliz e a minha felicidade é energia poderosa que fortalece a minha saúde.

Eu sou feliz, por isso estou no reino dos céus interior.

Eu sou feliz e, para mim, a vida é uma festa.

Assim é agora. E sempre".

Relaxe o corpo. Respire profundamente. Abra os olhos.

E seja muito feliz.

ÍNDICE

Leia também

Porque as Pessoas Felizes São Felizes

Agora que você leu *Otimismo e Felicidade*, reforce essa verdade lendo também uma ótima obra de Lauro Trevisan sobre esse tema: *"Porque as Pessoas Felizes São Felizes"*.

Se ainda duvida de que é possível ser feliz, ou se concorda mas não sabe como poderá ser, esse livro vai mostrar-lhe, de maneira simples e irresistível, que é fácil levar uma vida em alto-astral, positiva, agradável e bem-humorada, independente do que lhe aconteça no dia a dia. Todas as suas dúvidas serão removidas, os exemplos lhe darão força e ânimo para seguir essas pegadas, e você dará início ao melhor da sua vida.

Viver amargurado, nervoso, se queixando de Deus e todo mundo, isso já era. Seja atualizado, aprenda o que muitos ainda não sabem, lendo *"Porque as Pessoas Felizes São Felizes"*.

Saiba que a felicidade é essencial para sua saúde, prosperidade e sucesso no convívio com outras pessoas. Experimente.

Leia também

Abrace a vida
Você merece ser feliz

Abraçar a vida é realizar o milagre da interação amorosa consigo mesmo, com a humanidade, com o universo e com Deus.

****

Antes de tudo, abrace o seu próprio coração e diga: "Olá, como vai você?"

Seu coração responderá carinhosamente: "Tão bem quanto você!"

Eis aí o livro que vai animá-lo a ser otimista e feliz. (4ª edição, 240p)

****

Leia ainda do mesmo autor

Lições Positivas

Viver bem, feliz e próspero, não é sorte, é sabedoria.

Lições Positivas, extraídas da vida, ensinarão você a tomar um limão e fazer dele uma gostosa limonada; a pegar as pedras jogadas no seu caminho e com elas construir uma bela casa; a fazer do fracasso a ponte do sucesso; a transformar uma convivência tormentosa em agradável comunhão.

(8ª edição, 173p)